To.

From.

하나님,
저 아담입니다.

하나님,
저 아담입니다.

초판발행일 | 2013년 10월 5일

지 은 이 | 김충만
펴 낸 이 | 배수현
디 자 인 | 박수정
제   작 | 송재호
기   획 | 엔터스코리아 작가 세상

펴 낸 곳 | 가나북스 www.gnbooks.co.kr
출 판 등 록 | 제393-2009-000012호
전   화 | 031) 408-8811(代)
팩   스 | 031) 501-8811

ISBN 978-89-94664-49-1

하나님, 저 아담 입니다

김충만 지음

:: 가정은 우리 삶의 바탕

우리는 가정에서 태어나고 자라고 희노애락(喜怒哀樂)을 누리고 또 죽습니다. 사실 가정 이야기는 무궁무진합니다. 우리가 듣고 경험하는 이야기의 대부분은 가정이 그 배경입니다. 그래서 우리가 삶을 바로 이해하려면 먼저 가정을 이해해야 합니다. 가정과 그 가정을 이루고 있는 가족원들의 관계와 속성을 바로 알아야 삶을 알 수 있으니까요.

이번에 김충만 목사님이 쓴 '아담'을 주제로 한 묵상은 그런 의미를 품고 출발합니다. 가족을 이해하기 위해서 가정을 묵상했고, 가정을 이해하기 위해서 최초의 가정이었던 아담과 하와의 가정을 묵상했으며, 그러다 보니 그 가정에서 일어난 일들을 특유의 상상력으로 그려본 것입니다. 그런 성경적 상상은 아무나 할 수 있는 것이 아닙니다. 저자와 같이 가정을 사랑하고 그 가정 안에서 하나님을 공경하면서 하나님 중심의 가정을 이루어 가려고 노력한 사람, 다른 말로, 가정 안에서 하나님을 많이 경험한 사람만이 할 수 있는 묵상들입니다.

김목사님은 누구보다 가슴으로 낳은 두 아들의 아버지이기 때문에 하나님 아버지의 마음과 자녀들 또한 잘 이해할 수 있는 특별한 은혜가 있는 분입니다. 그런 그의 가정 안에서의 모든 경험이 누구보다 더 아담과 그의 가정을 이렇게 깊이 묵상하게 만들었고, 그 묵상 또한 깊어질 수 있었을 것입니다. 이제 이런 그의 묵상을 통해서 우리 또한 우리 자신과 우리 가정, 그리고 이웃 가정을 더 잘 이해하고 그 모든 가정을 통해 역사하시는 하나님의 마음을 더 많이 느끼고 닮아가게 되기를 기대합니다.

이철 목사 | 現 한국피스메이커 대표, 前 남서울교회 담임목사

하나님, 저 아담입니다

:: 사색의 길로 인도하는 책

자고 일어나면 뭔가 새로운 것이 나타납니다. 사회 전 분야가 속도감 있게 변화하고 있습니다. 그래서 이 시대 최고의 덕목은 적응력이 되어 버렸습니다. 많은 사람들이 지금은 변화에 민감해야 살아남는 시대라고 한 소리씩 해 댑니다. 그러다 보니 지난 삶을 돌아보고 앞으로의 인생을 계획하는 깊은 사색이 그만 사라져 버렸습니다. '지난 것은 지난 것일 뿐'이라고 치부해 버립니다. 그래서 이 시대를 사색이 사라진 시대라고 부릅니다. 물론 과거의 굴레에 사로잡힐 필요는 없습니다. 하지만 지난 삶을 돌아보는 사색이 없다면 어떻게 밝은 미래가 있겠습니까?

그런 점에서 사색을 통한 자기 회고가 부족한 시대를 사는 우리에게 김충만 목사님의 아담묵상은 분명 사색의 길로 인도하기에 좋은 책입니다. 아담과 그 주변 인물들을 통해 저자의 감성을 표현한 이 책이 여러분들을 자기 회고의 과정으로 인도할 것이며, 더 나은 미래를 여는 기회를 제공할 것입니다.

김인중 목사 | 안산동산교회 담임목사, 안산동산고등학교 이사장

　　내가 김충만 목사를 처음 만난 것은 미국 유학을 마치고 총신대에서 강의를 시작하던 1985년 가을학기였던 것으로 기억합니다. 20대의 신학생이자 기독교교육을 전공하겠다는 젊은이가 어느덧 50 고개를 넘어 이처럼 아담을 이야기해 줄 수 있는 목회자가 되었습니다. 참 감사하고 뿌듯한 일입니다. 돌아보니 내가 그를 가르치던 자리에 있었던 게 엊그제 같습니다. 그런데 한 세대가 흘러갈 즈음에 이젠 저자가 되어 책을 통해 말하고자 하는 것을 옆에서 박수치며, 더 많은 사람들이 이 책을 통해 김목사님과 만나기를 바라게 되었으니 감회가 새롭습니다.

　　보통 마음을 잡고 성경 읽기를 시도할 때 창세기부터 시작합니다. 그리고 대부분의 경우 '창조론'에서 머뭇거리다가 멈추는 경우가 많습니다. 그런데 김목사님은 아담을 품고 성경읽기라는 산을 오랫동안 넘었던 것 같습니다. 불과 창세기 1-5장, 그것도 이곳저곳에 조금씩 흩어져 있는 아담의 930년 생애를 이처럼 한 권의 책이 될 만큼 묵상을 해 왔다는 것이 놀라울 뿐입니다. 이제 아담은 김목사님 특유의 문학적 터치와 묵상(QT)에 기초한 창조적 상상력에 의해 우리 앞에서 말을 걸어옵니다.

모두가 다 바쁘고 분주한 삶을 살아가지만 나 역시 만만찮은 여러 일들을 하는 중, 틈틈이 아담묵상을 읽으면서 아담은 때로 친구로, 동역자로, 가족으로, 남편으로, 동생으로, 또한 동료가 되곤 했습니다. 독자들 역시 이 책을 읽으면서 나와 비슷한 감동을 받게 되리라 믿습니다. 이렇게 영적이고 창의적인 묵상집을 낸 김충만 목사에게 깊은 감사를 드립니다.

김희자 교수 | 총신대학교 부총장, 종교교육과 교수

:: 사랑이 말을 걸어왔다.

인간을 향한 포기하실 수 없는 하나님의 사랑을, 깊은 영적 사고와 문학적 상상력으로 지경을 넓혀 보여주는 필력이 가슴에 와 닿습니다.

아담의 애틋한 사랑과 포기할 수 없는 사랑의 열정이, 그 아들 예수 그리스도를 십자가에 못 박아서라도 인간을 구원하실 수밖에 없는, 바로 그 하나님의 사랑의 표증임을 읽어내게 해 주는 대목은 눈물겹습니다.

깊은 묵상도 인간의 땀 냄새나는 삶의 현장을 벗어나서
는, 자칫 언어의 유희로 전락할 수 밖에 없는 한계를 드러
내곤 합니다. 하지만 아담묵상은 삶과 묵상이 하나임을 보
여주고 있기에 이 책의 아름다운 영적 소산을 여러 사람들
과 함께 나눌 수 있다고 믿습니다.

김충만 목사라는 현실 속의 인물을 알기에 글 속의 모든
내용이 더 현실적으로 다가옵니다.

재미있게 읽었습니다. 목사가 '재미있다'라는 표현을 쓰
니 그러하기는 한데, 참 재미있었습니다. 앞으로도 좋은
글 많이 쓰기를 기대합니다.

최종천 목사 | 분당중앙교회 담임목사

하나님, 저 아담입니다

내 안에
묵상(QT)이
있다.

주께서 생명의 길을 내게 보이시리니
주의 앞에는 충만한 기쁨이 있고
주의 오른쪽에는 영원한 즐거움이 있나이다.

(시편 16.11)

:: 묵상이란

묵상이란 하나님을 보고 듣고 생각함이다.

하나님을 알고 느끼고 닮아감이다.

동시에 그분에게 비춰진 나를 보는 거울이다.

말씀의 창(窓) 앞에 나를 세움이다.

이것은 내가 하나님을 묵상하고야 말겠다는

욕심을 버리는 것에서 잉태되고 숨을 쉰다.

내 쪽에서 하나님께 나아가는 문을 여는 게 아니다.

그 이전에 하나님이 나를 향해

활짝 열어놓으신 교제의 악수다.

그 틈을 통해 매 순간마다 생생하게 하나님을 보는 것,
이것을 통해 하나님을 호흡하는 것이다.
나는 말씀을 읽지만 하나님은 나를 묵상하신다.
그것을 아는 것이 묵상이다.

묵상으로 주님을 신뢰하는 법을 배운다.
적용 몇 개를 발견하려는 조급함 이전에
주님의 소리를 들어야 한다.
하나님의 말씀 앞에 벌거숭이로 정직하게 서야한다.
내 추한 것을 내려놓으면
하나님이 거룩함으로 입혀주심을 맛 볼 수 있다.
나를 보면 절망하지만
하나님 아버지를 보면서 희망을 캐낸다.
내 안에 두 법이 싸우고 있음을
적나라하게 대면하게 된다.

하나님 아버지가 그리운 사람으로
그분을 정직하게 누리게 된다.
말씀의 거울에 비춰진 나를 보게 된다.

이는 주님께 삶의 초점을 맞춰가는 연습이요,
주님이 얼마나 나를 사랑으로 기다리시는지 알아감이다.
내 영혼의 창을 주님께 열어 보여 드림이다.

묵상은 내 몸과 마음과 영혼이
말씀으로 목욕하는 것이다.
말씀과 함께 오늘을 씨앗 삼아 미래로 가는 여행이다.
하나님이 얼마나 멋진 분인가를 알아가는 연습이요,
누구도 배석하지 않고서
나 홀로 주님을 만나는 행복이며,
하나님 아버지를 사랑하는 법을 배움이다.
내 영적 무게를 말씀이라는 저울에 달아보는 것이요,
나의 전부를 주님께 다 보여드림이다.
하나님을 아버지로 섬기는 행복을 열어주는 선물이다,
그리고 이 땅 안에 심겨진
저 땅의 영광을 맛보는 것이다.

묵상은 거룩에 이르는 연습이다.
하나님 아버지를, 내 주님을, 성령님을 생각함이다.

세상에서 가장 아름답고 행복한 시간이다.

생각을 삶으로 담아내고, 삶을 생각으로 빚어간다.

가장 정직한 나를 만나는 접점이며,

가난한 나를 하나님 아버지 앞에 세우는 시간이다.

하나님이 아버지로 나를 만나주시는

은혜의 통로요, 기다림이다.

들음이며, 봄이고, 생각함이다.

또 호흡과 느낌, 그리고 삶이다.

그만큼 묵상하는 삶은 아름답다.

:: 묵상의 씨앗

고등학교 1학년 여름부터다. 3대째 믿음의 가정에서 모태신앙으로 자란 나에게 주님은 묵상으로 찾아오셨다. 내 안에 보여진 추한 나를 당신 자신으로 덮으셨다. 그건 한 마디로 사랑이었다. 고통스러울 만큼 많이 아팠지만, 그것은 점차 그분의 따뜻함을 덧입으며 조금씩 자라갔다. 그때부터 묵상은 내 영혼과 삶의 여정에 친밀한 친구가 되었다.

하나님, 저 아담입니다

성경 안에 살아 숨 쉬는 주님과 울고 웃고, 지지고 볶고, 휘청거리며 토해 낸 30년이 훌쩍 넘어버린 시간들, 그 안에서 주님은 늘 나를 만져주시고 안아주셨다. 지금껏 부끄러움과 황송함 밖에 드린 게 없지만 내 영혼의 뜨락엔 따끈따끈한 묵상을 퍼 올리는 맛이 쏠쏠하다. 나는 지금껏 묵상을 통해 하나님을 알아왔고, 그분을 사랑하는 법을 배워가고 있다. 그게 오늘도 묵상 곁에 머무는 삶을 사는 이유다. 이 씨앗이 자라 아름다운 열매를 삶으로 거두는 묵상의 실상을 믿음의 눈으로 바라본다.

:: 감 사

창세기를 펼 때마다 아담은 내 모습을 돌아보게 하는 하나의 자화상이었다. 아담은 구약의 탕자다. 나 역시 하나님의 거울에 비춰볼 때 그와 별반 다르지 않다는 걸 알아가면서 조그만 연민이 '생각창고'에 모아지기 시작한 것 같다. 그를 미화하고 싶은 생각도 없지만 그렇다고 그를 정죄하고 돌을 던질 생각은 더욱 없다. 다만 내 묵상의 앵글 안에서 그를 느껴보고 싶었다. 언젠가 아담을 만나게 될지도 모르기에 그럴 때 혼나지는 않아야 한다는 생각을 하면서도 아담 곁에 조금 머물러 있어 보았다. 이 책은 그 흔적의 조그만 산물이다.

묵상이 책이 되도록 처음부터 함께 마음을 모아준 엔터스코리아 양원근 대표와 편집부 최원정 팀장에게, 주저함 없이 출판을 결정해 주신 가나북스 배수현 대표와 편집부에, 아내가 삽화를 그릴 수 있도록 격려와 도움을 준 황유리 일러스트레이터(Illustrator)에게 감사드린다. 또한 이 책의 출간을 격려해 주시고, 교회와 사역의 용량을 넓혀가도록 이끌어 주신 오정현 목사님께 깊은 감사를 드린다.

무엇보다 기쁨으로 추천사를 써 주신 이철 목사님은 목회와 삶을 전수해 주셨고, 김인중 목사님은 뒤를 따르는 후배들에게 나침반이 되어 주셨으며, 김희자 교수님은 내가 중요한 갈림길에 서 있을 때마다 한결같은 애정과 격려로 멘토가 되어 주셨고, 최종천 목사님은 총신대 1학년 때 기숙사에서부터 지금껏 형님이 되어 주셨다.

1984년 12월, 마지막엔 중풍으로 쓰러지시던 그날 새벽에도 어김없이 새벽기도의 자리를 지키며 당신보다 아들을 위해 더 깊은 기도를 해 주셨던 사랑하는 모친 임인례 권사님, 나를 위해 부모의 몫을 묵묵히 감당해 준 사랑하는 네 누님들과 매형들, 먼저 천국에 간 둘째누님, 주님 사랑하며 교회를 위해 충성스런 일꾼으로 세워진 사랑하는 동생네, 교육전도사였던 나를 사위로 맞아주시고 오늘까지 기도와 사랑으로 함께 해 주신 장모 최덕희 권사님, 주님을 더 사랑하는 아내 김세현 사모와 하나님의 꿈이자 나의 기쁨인 세 아들 예준, 영준, 여준에게, 그리고 사역자로 달려온 30년이 넘는 목회의 여정에서 함께 더불어 기도와 격려와 눈물과 사랑을 나눴던 모든 성도님들께 깊은 감사의 마음을 전하는 바이다.

이 조그만 묵상이 하나님 아버지와 말씀을 더 사랑하게 하는 한 알의 씨앗이기를 바란다.

또 그 마음으로 기도한다.

주후 2013년 8월,

김충만 씀

Contents

목차

아담 연보

너희가 태어나기 전에 어떤 일이 있었는지 읽어 보아라.
옛일을 조사하고,
너희 뿌리를 알아보아라.
너희가 태어나기 전에는 어떠했는지 부모에게 물어보고,
어른들에게 물어보아라.
그들이 한두 가지 말해 줄 것이다.

(신명기 32.7)

인류의 모든 족속을 한 혈통으로 만드사 온 땅에 살게 하시고
그들의 연대를 정하시며 거주의 경계를 한정하셨으니,
이는 사람으로 혹 하나님을 더듬어 찾아 발견하게 하려 하심이로되
그는 우리 각 사람에게서 멀리 계시지 아니하도다.

(사도행전 17.26-27)

:: [하나님] 역사의 시작

태초에 하나님이 천지를 창조하시다(창 1.1)⁰¹⁾

천지와 만물이 다 이루어지니라(창 2.1)⁰²⁾

:: [아담(ADAM)] 인류의 시작

1세⁰³⁾　하나님이 당신의 형상을 따라

흙으로 아담을 지으시다(창 1.26-27, 2.7)⁰⁴⁾

아담이 원시복음을 하나님께 받다(창 1.28)

하나님이 에덴(Eden)에 아담을 두사

그것을 다스리며 지키게 하다(창 2.8,15)05)

선악을 알게 하는 나무의 실과는

먹지 말라 명하시다(창 2.17)06)

아담이 각 생물을 일컫는 바가

곧 그 이름이 되다(창 2.19-20a)

?세 하나님이 아담의 갈빗대로

하와를 지으시다(창 2.18, 20b-21)

아담이 하와를 아내로 맞아 결혼하다(창 2.22)

아담이 하와를 가리켜 "이는 내 뼈 중의 뼈요

살 중의 살이라!" 고백하다(창 2.23)

대적자(사탄)인 뱀의 유혹을 받은 아담이

범죄하여 타락하다(창 3.1-7)07)

동산을 거니시는 하나님의 소리를 듣고

숨은 아담에게

하나님이 "네가 어디 있느냐?"라고 부르시며

찾아오시다(창 3.8-9)08)

하나님, 저 아담입니다

하나님의 심판 선언을 받다(창 3.10-20)

하나님이 아담과 하와에게
가죽옷을 지어 입히시다(창 3.21)

하나님처럼 되고자 했으나,
하나님과 함께 있지 못하고 出에덴하다(창 3.24a)

타락한 상태에서 생명나무 열매도 따서 먹고
영원히 사는 걸 막으시려고,
동산 동쪽에 그룹들과 두루 도는 화염검으로
그 길을 지키게 하다(창 3.22,24)09)

장남 가인을 낳다(창 4.1)10)

차남 아벨을 낳다(창 4.2)11)

차남 아벨이 형 가인에게 살해되다(창 4.8)12)

장남 가인이 하나님의 명령에 의해

부모를 떠나다(창 4.12,16)[13]

가인이 에녹을 낳다(창 4.17)[14]

1대손 에녹이 이랏을 낳다(창 4.18a)

2대손 이랏이 므후야엘을 낳다(창 4.18b)

3대손 므후야엘이 므드사엘을 낳다(창 4.18c)

4대손 므드사엘이 라멕을 낳다(창 4.18d)

5대손 라멕이 야발, 유발, 두발가인,
나아마를 낳다(창 4.19-22)[15]

6대손 야발이...[16]

130세 삼남 셋을 낳다(창 4.25-26, 5.3)[17]

아담이 이후 800년을 지내며 자녀를 낳고
930세에 죽다(창 5.4-5)[18]

235세 1대손 셋이 그의 나이 105세에
에노스를 낳다(창 5.6)

셋이 이후 807년을 지내며 자녀를 낳고
912세에 죽다(창 5.7-8)

※ 마침내 아담이 할아버지가 되다(손자를 보다)

   하나님, 저 아담입니다

※ 그때에 사람들이 비로소 여호와의 이름을 부르다(창 4.26)[19]

325세 2대손 에노스가 그의 나이 90세에
게난을 낳다(창 5.9)
에노스가 이후 815년을 지내며 자녀를 낳고
905세에 죽다(창 5.10-11)

395세 3대손 게난(가이난)이 그의 나이 70세에
마할랄렐을 낳다(창 5.12; 눅3.36 참조)
게난이 이후 840년을 지내며 자녀를 낳고
910세에 죽다(창 5.13-14)

460세 4대손 마할랄렐이 그의 나이 65세에
야렛을 낳다(창 5.15)
마할랄렐이 이후 830년을 지내며
자녀를 낳고 895세에 죽다(창 5.16-17)

622세 5대손 야렛이 그의 나이 162세에
에녹을 낳다(창 5.18)

야렛이 이후 800년을 지내며 자녀를 낳고
962세에 죽다(창 5.19-20)

687세 6대손 에녹이 그의 나이 65세에
므두셀라를 낳다(창 5.21)[20]
에녹이 므두셀라를 낳은 후 300년을
하나님과 동행하며 자녀를 낳다(창 5.22)[21]
*에녹이 365세에 하나님이
그를 데려가시다(아담 사후 57년; 창 5.23-24)[22]

874세 7대손 므두셀라가 그의 나이 187세에
라멕을 낳다(창 5.25)
므두셀라가 이후 782년을 지내며
자녀를 낳고 969세에 죽다(창 5.26-27)[23]

930세 8대손 라멕(노아의 부친) 56세에 아담이 죽다[24]
아담 1대손 셋 : 807세였고, 105년을 더 산다
아담 2대손 에노스 : 695세였고, 210년을 더 산다
아담 3대손 게난 : 605세였고, 305년을 더 산다

아담 4대손 **마할랄렐** : 553세였고, 360년을 더 산다

아담 5대손 **야렛** : 470세였고, 492년을 더 산다

아담 6대손 **에녹** : 308세였고, 57년을 더 산다

아담 7대손 **므두셀라** : 243세였고, 726년을 더 산다

아담 8대손 **라멕** : 56세였고, 721년을 더 산다

아담 9대손 **노아** : 아담 사후 126년에 태어나다

:: [아담 사후] 아담 이후 노아까지의 인류

987년　라멕이 113세에 그의 조부 에녹(아담 6대손)이

승천하다

※ 아담 사후 57년이자, 9대손 노아가 출생하기 69년 전이다

1,042년 아담의 1대손 셋이 912세로 죽다(창 5.7-8)

1,056년 라멕이 182세에 노아를 낳다(창 5.28-29)25)

라멕이 이후 595년을 지내며 자녀를 낳고

777세에 죽다(창 5.30-31)

1,140년 아담의 2대손 에노스가

905세에 죽다(창 5.10-11)

1,235년 아담의 3대손 게난이 910세에 죽다(창 5.13-14)

1,290년 아담의 4대손 마할랄렐이 895세에 죽다(창 5.16-17)

1,422년 아담의 5대손 야렛이 962세에 죽다(창 5.19-20)

1,558년 9대손 노아가 장남 셈을

502세에 낳다(창 5.32; 11.10 참조)26)

※ 홍수심판 이전에 노아의 세 아들이 구원 받을 가정을 이루다.
※ 심판의 징조(창 6.1-7) : 의로운 셋의 후손 vs. 사람의 딸들

1,651년 노아의 아버지이자 아담의 8대손 라멕이

777세에 죽다(창 5.30-31)

1,656년 아담의 7대손 므두셀라가

969세에 죽다(창 5.26-27)

※ **홍수심판**이 일어나다(노아 600세 / 2월 12일 ; 창 7.6)

※ 홍수심판 이전에 셋의 후손의 대표들(창 5.1-31)이 다 죽다[27]

※ 홍수심판으로 가인의 후손들(창 4.16-24)도 다 죽다

1,657년 홍수 1년 후 땅이 마르고 노아의 8식구가

방주에서 나오다(창 8.13-19)

※ 노아가 제단을 쌓고 번제를 드리다(창 8.20-22)

※ 노아의 후손들, 이제는 희망인가?

1,658년 10대손 셈이 홍수 후 2년에

아르박삿을 낳다(창 11.10)

아르박삿이 이후 500년을 지내며

자녀를 낳다(창 11.11)

※ "노아의 세 아들들로부터 사람들이 온 땅에 퍼지니라."(창 9.19)

※ 홍수 후에 노아의 세 아들들이 자녀들을 낳다(창 10.1-)

2,006년 아담의 9대손 노아가 홍수 후 350년을 살았고,

950세에 죽다(창 9.28-29)[28].

:: 각주

01) 하나님은 천지창조 이전에 선재(先在)하여 계셨고, 무(無)에서 천지를 말씀으로 창조하셨다(창 1.1-2, 요 1.1-3 참조).

02) 창세기는 천지의 내력(창 1.1-4.26), 아담의 계보(창 5.1-6.8), 노아의 족보(창 6.9-9.29), 노아의 후손들의 족보(창 10.1-11.9), 셈의 족보(창 11.10-26), 데라/아브라함의 족보(창 11.27-25.11), 이스마엘의 족보(창 25.12-18), 이삭의 족보(창 25.19-35.29), 에서의 족보(창 36.1-37.1), 야곱의 족보(창 37.2-50.26)로 이어지는 10개의 족보로 된 책이다. 그 중에서 본서가 관심을 갖는 부분은 천지의 내력과 아담의 계보까지인데, 특별히 아담가문의 족보 가운데 아담이 생존했던 930년까지를 주로 묵상해 볼 것이다.

03) 아담의 나이에서 흥미로운 것은 그가 성인으로 만들어졌음에도 이어지는 130세, 또한 800년을 지내며 자녀를 낳았다는 시간적 표현에 비춰볼 때 그가 만들어진 때를 1세(1년)로 설정하고 있음이다. 예컨대 실제적(생물학적) 나이는 30세일 수 있지만 시간적 나이의 시작, 곧 출발은 1세라는 뜻이다. 하지만 인간 창조 이전의 역사, 즉 천지창조에는 이런 시간 개념이 선명하지 않다. 따라서 하나님이 만드신 천지의 창조된 시점부터 아담이 창조된 때까지의 우주의 연대기는 실제적으로는 수 십, 수 백, 수 천 년일 수 있다(시 90.4 참조). 이렇게 볼 때 하나의 가능한 전제는, 구약의 연대는 천지가 창조된 때가 아닌 아담이 창조된 해를 원년으로 설정하고 있다는 점을 주목할 필요가 있다. 이 [아담연보]는 이런 이해에 기초해 '아담연대기', 곧 인류의 역사를 정리한 것이다. 이런 방식을 따라 연대를 추적할 때 아담은 B.C. 4,000년 전후로 거슬러 올라간다.

04) 하나님이 사람을 만드신 것은 남자와 여자를 동시에 창조하신 것이 아니다. 아담이 먼저고, 그 이후가 하와다(디 2.13). 한편 모든 피조물 중

하나님, 저 아담입니다

에서 오직 사람만이 하나님의 형상대로 지음을 받았으며(창 1.26-27, 5.1-3), 하나님은 사람이 모든 피조물을 다스리게 하셨다.

05) 성경은 에덴동산 이야기가 실제적 역사임을 분명히 한다(대상1.1, 마 19.5-6, 눅 3.23-38, 롬 5.12, 고전 15.21, 딤전 2.11-14). 한편 노동은 타락 이후에 주어진 형벌만이 아닌, 이미 타락 이전에 에덴에서 하나님이 사람에게 명하신 명령이자 사람에게 특권처럼 주어진 거룩한 소명이었다.

06) 호세아는 "그들은 아담처럼 언약을 어기고 거기에서 나를 반역하였느니라."(호 6.7)는 말씀에서 하나님과 아담이 언약 관계에 있었음을 말한다. 여기서부터 '아담언약'이라는 표현이 신학적으로 발전해 간다. 한편 앞서 "동산 가운데에는 생명나무와 선악을 알게 하는 나무도 있더라"(창 2.9)는 말씀과 이어지는 "동산 각종 나무의 열매는 네가 임의로 먹되, 선악을 알게 하는 나무의 열매는 먹지 말라 네가 먹는 날에는 반드시 죽으리라"(창 2.16b-17)는 말씀을 종합해 보면 생명나무 열매는 금지되지 않았다. 만일 아담과 하와가 이 생명나무의 열매를 먹었다면 비록 죄를 지어 타락했을지라도 영생했을 것이다. 이것은 出에덴과 긴밀하게 연결되어 있다 : "여호와 하나님이 이르시되 보라 이 사람이 선악을 아는 일에 우리 중 하나 같이 되었으니 그가 그의 손을 들어 생명나무 열매도 따먹고 영생할까 하노라 하시고, 이같이 하나님이 그 사람을 쫓아내시고"(창 3.22,24a)

07) 뱀의 정체에 대해서는 다음 성경을 참조하라(창 3.6-7; 롬 16.20, 고후 11.3a,14, 딤전 2.13-14, 요일 3.8, 계 12.9, 20.2). 창세기 에덴에 등장하는 뱀은 사탄이자 마귀다.
한편 바울은 아담과 그리스도의 유비(롬 5.12-21)를 통해 온 인류의 머리인 아담을 통해 죄, 정죄, 사망이 왔음을 말한다. 그러나 동시에 예수 그리스도를 통해 의, 칭의, 생명이라는 구원이 왔음을 증거한다. 이것이 창조 → 타락 → 심판이라는 아담의 죄를 창조 → 타락 → 구속이라는 하나님의 사랑으로 흐르게 하는 그 위대한 시작이 아담의 타락에서 비롯되고 있음이라는 역설이 자리하는 대목이다. 이는 여자의 후손('씨')을 통해 구원을 약속하고 있음에서 잘 드러난다(창 3.15 참조). 한편 바울이 전하는 복음, "아담 안에서 모든 사람이 죽은 것 같이 그리스도 안에서 모든 사람이 삶을 얻으리라."(고전 15.22)는 말씀이 이를 분명하게 증거한다. 예수님이 아담과 비유되는 것은 여전히 흥미로운 주제다(고전 15.45-49 참조).

신학적으로 볼 때 타락으로 말미암은 땅의 저주는 치명적이다. 이처럼 인간 죄악과 반역의 결과로서 피조물은 지금껏 탄식 중이다(사 65.17, 롬 8.22-24, 계 21.1 참조).

08) 흥미로운 것은 하나님이 찾아오신 시점이자 아담의 상태다. 지금 하나님이 아담을 찾아오신 심방은 그가 타락하여 하나님을 떠난 이후다. 그러니까 그가 하나님을 만날 만한 어떤 자격이나 조건을 갖춘 때가 아니었다. 오히려 그 반대다. 한편 창세기 아담 텍스트(창 1-5장)에 이런 상황이 한 번 더 있다. 다름 아닌 가인이 예배자로 하나님께 나아갔으나 그의 예배를 하나님이 받지 않으시자 가인이 화를 내며 언짢아했을 때다(창 4.3-5). 두 경우 다 하나님이 그들을 찾아가실 어떤 자격이나 조건이 아니었을 때다. 그렇다면 하나님이 인간을 찾아오실 때 그가 거룩하고, 믿음이 충만하고, 하나님을 사모하고, 하나님 앞에 무릎 꿇고 있을 때와 같이 그러한 때에만 하나님이 그를 만나주신다는 생각은 어떤 의미에서 성경적이지 않다. 특별히 탕자가 그러하고(눅15.11-32), 바울이 아직 사울이었을 때가 그러하다(행 9.1-19). 아니 이는 육신을 입고 이 땅에 오신 예수님의 세상에로의 심방을 받은 온 인류가 그러하다. 그런 의미에서 아담은 구약의 탕자다.

09) 이로서 先 선악과 열매 먹음으로 타락, 後 생명나무 열매 먹음으로 영생

이라는 비극은 벌어지지 않았다. 혹시나 있어서도 안 되고, 있을 수도 없는 '인간이 죄인으로서 영생한다'는 사실을 생각해 보라. 영생은 결코 인간의 행위로 결정할 수 있는 게 아니다. 따라서 하나님께서는 죄의 문제를 '여자의 후손'으로 오신 예수 그리스도의 십자가로 해결하신 후에, 마지막 심판에서 구원 받은 자들에게 생명나무 아래 거하게 하시며, 그 열매를 먹고 영생을 누리게 하실 것이다(계 2.7, 22.2,14,19 참조) : "내가 하나님의 과수원에서 따온 생명나무 열매로 차린 잔치로 부를 것이다."(계 2.7b)

10) 아담(아버지)이 아닌 하와(어머니)가 가인, 아벨, 셋까지 연속해서 아들들의 이름을 짓는다. 한편 "하나님께서 땅의 흙으로 들의 모든 짐승과 공중의 모든 새를 만드"시고, 아담이 "이것들을 무엇이라 부르는지 보셨"고, 아담이 "생물 하나하나를 일컫는 말이 곧 그 이름이 되었다"는 점은 분명 이름을 짓는 주도권이 아담에게 있었다는 것을 의미한다. 그런데 정작 후손(아들들)의 이름은 아담이 아닌 하와가 지었다는 점이다.

더욱 흥미로운 여백은 가인을 낳고 이 아들의 이름을 짓는 하와의 모습은 실낙원의 원인 제공자로서의 겸손은 보이지 않는다는 점이다. 오히려 에덴의 부담으로부터 모든 게 회복된 듯한, 그래서 마치 하나님이 아담을 지으신 것처럼 자신도 가인의 이름을 지은 듯한 인상을 갖게 한다. 하지만 그녀가 가인이라는 이름 안에 넣었던 "여호와로 말미암아" 온 아들이라 선언했던 그 아들이, 이름의 뜻도 알리지 않았으나 오직 '여호와로 말미암아' 살기를 애쓰는 아들 아벨을 죽이고 만다. 그리고 세월이 흘러 '셋'을 낳고는 비로소 가인이 아닌 아벨을 대신할 자로서의 희망을 붙든다. 비로소 가인에게서 벗어나는 것일까. 어떻든 먼저 떠나보낸 아들 아벨의 육신은 땅에 묻었으나 진정 그를 가슴에 묻을 수 밖에 없었던 한 여인의 절망과 눈물과 고통이 셋 이후에야 회복될 기미가 보인다는 점, 부모가 하나님 앞에서 어떤 자세로 자식을 대해야 할지를 두고두고 생각하게 하는 대목이다.

11) 아벨(Abel)은 신약이 구약을 정리한 믿음장(히 11장)에서 믿음의 계보를 여는 첫번째 의인으로 언급된다(히 11.4). 특별히 아담의 930년 인생 안에(1대손 셋에서부터 8대손 라멕까지) 오직 두 사람, 아벨과 에녹이 믿음장에 이름을 올린다. 유진 피터슨(E H. Peterson)의 [메시지 신약](The Message : The New Testament)으로 아벨을 옮겨본다 : "믿음의 행위로 아벨은, 가인보다 나은 제물을 하나님께 드렸습니다. 중요한 것은, 그가 드린 제물이 아니라 그의 믿음이었습니다. 하나님이 주목하시고 의롭다 인정해 주신 것은 다름 아닌 믿음이었습니다. 수많은 세월이 흘렀으나, 그 믿음은 여전히 우리의 눈을 사로잡습니다."

12) 죄가 에덴동산에서 시작되더니(창 3.1-21) 마침내 에덴 밖에서 가인에 의해 '들에 있을 때에'로 빠르고도 분명하게 확장되고 있다. 이처럼 죄는 점차 온 세상을 삼켜 버릴 것 같은 기세로 질풍노도(疾風怒濤)처럼 출렁거린다.

13) 특이한 것은 아담 → 가인의 족보(창 4.16-24)에서는 출생년도와 살았던 나이와 죽은 나이의 패턴, 그리고 하나님이 등장하지 않는다. 가인 → 에녹에서 알 수 있듯이 가인은 분명 사람인 아들의 이름을 기념하고 있다. 이것은 아담 → 셋의 족보(창 4.25-5.32)가 보여주는 하나님 앞에서의 삶과 근본적으로 대립적이다. 셋 → 에노스에서는 여호와의 이름을 불렀다는 점에서 더욱 그렇다(창 4.26).
한편 가인이 "무릇 나를 만나는 자마다 나를 죽이겠나이다"(창 4.14b)라고 말할 때에 땅에는 그의 부모 아담과 하와를 제외하고는 아무도 없을 때였다. 이는 아마도 앞으로 이어서 태어날 아담의 후손들(그들은 곧 자신의 동생들이 아닌가?)을 염두에 두고 있었던 것 같다. 하지만 그의 염려와 달리 자신의 5대손 라멕에게서 살인이 이루어진다. 그것도 그 옛날 자신에게 주어진 형벌을 그 후손이 잘 알고 있다는 점에서 사뭇 충격적이다(창 4.23-24). 그렇다면 아마도 가인은 자신을 보호하기 위해서만 하나님

　하나님, 저 아담입니다

의 말씀을 읊조렸을 뿐 하나님의 메시지를 전하고 알리는 일에는 실패하고 있었음을 보여준다. 사실 그는 범죄를 전후에 계속해서 찾아오신 하나님께 회개가 아닌 자기에게 있을 보복에 대한 보호만을 구하고 있는 그런 사람이었다.

14) 분명 가인은 하나님께로부터 '유리하는 자'(창 4.12,14)라는 형벌을 받았음에도 그는 아들의 이름과 동일한 에녹 성을 쌓고 정착한다. 유리하기엔 죽음이 두려웠던 것인데 그는 어찌되었건 자신을 보호하실 것이라는 하나님의 말씀을 믿지 않았던 것이다. 이것은 하나님이 주신 '표'까지도 불신하는 언행이다. 가인은 제사에 실패한 이후에 제사는 물론 하나님의 다스리심 안에 있지 않았다. 과연 그런 가문의 후예들에게서 선한 것을 기대할 수 있을까? 이는 "가인이 죽인 아벨 대신에 다른 씨"인 셋 → 에노스로 이어지는 족보에서 죽음을 가져온 제사(예배)를 계속 이어가고 있는 것과 극명하게 대조된다(창 4.25-26).

15) 이 부분에서 몇 가지 중요한 전환이 이루어진다. 첫째, 일부일처(一夫一妻)에서 일부다처(一夫多妻)로의 변화가 가인의 5대손에서 인류 최초로 시작되고 있다. 이로써 한 남자가 한 여자와 연합하여 둘이 한 몸을 이루라는 언약이 심각한 위기를 맞는다(창 2.24 참조). 가정과 결혼이라는 하나님의 제도가 마침내 가인의 가문에서 심각하게 왜곡되고 있다. 둘째, 가인의 6대손인 아빌은 축산입(목축업)을, 유발은 음악을, 두발가인은 대장장이(철공업)의 조상이 된다. 셋째, 아버지 라멕은 아들 두발가인이 만든 무기로 살인죄를 범하고도 당당하게 죄를 변호하고 변명한다. 이로서 끝내 가인 가문은 아무런 희망이 없음을 보여준다.
한편 나아마(두발가인의 누이)가 창세기의 족보에 등장하는데 특이한 것은 그가 창세기의 족보에 등장하는 유일한 여자인 점이다.

16) 가인의 족보는 그의 5대손 라멕까지다. 여기에 아담과 가인을 더하면 7

대손까지다. 결국 완벽하게 하나님을 떠난 셈이다. 한편 라멕은 하나님이 가인에게 명하신 죄의 심판 선언까지를 조롱하며 자신의 죄를 당당하게 변명한다. 살인의 이유가 '상처'(가벼운 찰과상)이고, 대상이 '소년'이었다는 점에서 라멕의 살인죄는 경악스럽기 그지없다. 이렇듯 가인 가문의 후예들은 하나님의 심판보다 자신들의 보복을 더 강하게 선언함으로써 하나님의 이름을 말하지 않으면서도 하나님을 의도적으로 경멸할 뿐만 아니라 하나님이 가인에게 내린 벌보다 더 큰 심판을 선언함으로써 자신을 하나님의 자리에 올려놓고야 만다. 셋의 족보(가문)와 극명하게 대조되는 것이 인상적이다. 결국 하나님 없는, 하나님을 경멸하는 자들이 만들어내는 문화와 문명의 발전은 죄를 양산하는 도구에 지나지 않는다는 점을 주목할 필요가 있다.

17) 아담의 족보는 가인의 족보(창 4.16-24)와는 달리 하나의 전형적인 방식을 따른다 : "○○는 ○○세에 ○○를 낳았고 ○○을 낳은 후 ○○년을 지내며 자녀를 낳았으며 그가 ○○세를 향수하고 죽었더라." 한편 아담의 족보가 아담 → 가인이 아닌, 아담 → 셋으로 이어지고 있음이 흥미롭다(대상 1.1-4; 눅 3.36b-38 참조). 사실 아담과 하와에게는 셋이 태어나기 이전과 이후에 가인과 아벨을 비롯한 무수한 자녀들이 있었다(창 4.11, 5.4-5 참조). 그럼에도 성경은 아담&하와 → 셋 → 에노스로 이어지는 족보만을 기록한다. 또한 셋이 가인과 아벨의 뒤를 잇는 유일한 아들이자 삼남으로 비춰지지만 아담 뿐만 아니라 그의 족보에 등장하는 후손들은 모두가 다 셀 수 없는 후손들을 낳았다. 하지만 아담의 후손 가운데 세 아들(가인, 아벨, 셋)이 기록되고 있는 것에서 편의상 셋을 삼남(셋째 아들)으로 부르기로 한다. 한편 아담의 족보와 다른 또 하나의 족보인 가인의 후예들의 족보는 노아의 홍수심판 때 끝이 난다(창 4.16-24).
또한 아담이 가인과 아벨에 이어 '셋'을 낳았을 때 그 자신이 하나님 곧 "우리의 형상을 따라 우리의 모양대로"(창 1.26a) 지어졌던 것처럼 그의 아들들이 하나님의 형상과 모양을 이어 받고 있다는 -지금 자녀를 낳은

때는 타락 이후이고, 이게 타락을 통해 취소되지 않았음을 기억할 필요
가 있다.- 점이 흥미롭다. 하와는 "가인이 죽인 아벨 대신에 다른 씨"(창
4.25b)라는 고백을 통해 먼저 낳은 두 아들을 잃은 슬픔과 고통을 극복해
가고 있음을 보여준다. 하나님은 타락 후 하와에게 "네게 임신하는 고통
을 크게 더하리니 네가 수고하고 자식을 낳을 것이며"(창 3.16a)라고 하
셨는데 출산의 고통까지를 하와가 '대신에' 얻은 아들을 통해 극복하고
있음이 흥미롭다.

18) 아담의 족보가 시간을 따라 기록된 정확한 연대기는 아닐지라도 아담을
기준으로 해서 그의 후손들이 자녀를 낳은 때를 아담의 나이에 반영해
소위 [아담연표]를 만들었다. 이를 기초로 아담의 생애 930년과 그의 사
후까지를 계산해서 아담 연대기, 즉 천지창조부터 노아홍수까지의 연대
표를 만들었음을 밝힌다. 한편 홍수 이전에 살았던 아담의 후손들의 평
균 수명은 대략 900세에 이른다.
한편 자녀를 '낳았고' 이후에도 창세기 5장의 사람들은 무수한 자녀들을
낳았다. 이는 가인의 후손들도 마찬가지다. 마침내 땅에는 급속도로 사
람들로 번성하기 시작한다.

19) "여호와의 이름을 부르다"는 이후에 아브라함(창 12.8, 13.4, 21.33), 이삭
(창 26.25)에게서 제사(예배)와 관련되어 언급된다. 그렇다면 가인, 아벨,
셋, 에노스로 이어지는 첫 사림의 때부터 저들은 하나님을 예배하는 사
들이었음을 알 수 있다. 아마도 이는 부모(아담과 하와)를 통해 알았고, 배
웠고, 전수되었을 것이다. 특별히 셋이 에노스를 낳은 그 때로부터 하나
님을 예배하는 일이 좀 더 본격적이고도 의식적인, 그러면서도 정기적
인 형태를 띄게 되지 않았나 싶다.

20) 에녹(Enoch)은 신약이 구약을 정리한 믿음장(히 11장)에서 믿음의 계보
를 여는 첫 번째 의인 아벨에 이어 두번째 의인으로 언급된다(히 11.5).

특별히 아담의 930년 인생 안에(1대손 셋에서부터 8대손 라멕까지) 오직 두 사람, 아벨과 에녹이 믿음장에 이름을 올린다. 유진 피터슨(E H. Peterson)의 [메시지 신약](The Message: The New Testament)으로 에녹을 옮겨본다(히 11.5) : 믿음의 행위로 에녹은, 죽음을 완전히 건너뛰었습니다. "하나님이 그를 데려가셨기 때문에, 사람들이 아무리 눈을 씻고 찾아보아도 그를 찾을 수 없었습니다." 우리는 하나님께서 그를 데려가시기 전에 "그가 하나님을 기쁘시게 해드렸다"는 것을, 믿을 만한 증언으로 알고 있습니다.

21) 신약 유다서에서, 예수님의 젖동생 저자 유다는 당시 자신이 살고 있던 시대상과 에녹이 살던 창세기의 시대를 통전적으로 관통(조망)해 들어가고 있음이 흥미롭다. 죄가 가득한 시대를 향한 하나님의 마음을 가슴 절이며 대하게 된다. 그렇다면 에녹의 시대 역시 하나님의 심판의 중심에 들어 있는 것 아닌가. 의인 에녹이 있어도 아담행전은 시작된 죄록(罪錄)의 역사를 돌이키지 못한다. 이를 유진 피터슨(E H. Peterson)의 [메시지 신약](The Message: The New Testament)으로 옮겨보자(유 1.14-15) : 아담의 칠 대손 에녹은 그들을 두고 이렇게 예언했습니다. "보아라! 주님께서 수천의 거룩한 천사들과 함께 오셔서, 그들 모두를 심판하실 것이다. 저마다 뻔뻔스럽게 저지른 모든 모독 행위와, 경건한 척하면서 불경스럽게 내뱉은 모든 더러운 말에 따라, 각 사람에게 유죄 판결을 내리실 것이다."

22) 모세는 에녹의 승천을 증언하고 있는데, 이때 하나님이 에녹을 "데려가시므로"(창 5.24)는 선지자 엘리야를 여호와께서 하늘로 "올리고자(데려감)" 하시는 장면을 생각하게 한다(왕하 2.1,5,9,10 참조). 그렇다. 에녹은 죽음을 보지 않고 하늘로 승천한 최초의 사람이다(히 11.5 참조). 동시에 노아홍수 이전에 등장하는 아담족보의 사람 중에서 가장 짧은 인생을 살았다.

23) 아담의 족보에서 가장 오래 살았던 므두셀라지만 –아마도 그는 노아홍 수가 일어나기 직전에 죽는다(연보의 연대 1,656년 참조).– 그 역시 하나님 께는 '하루'에 불과한 1,000년을 넘지 않은 생을 살았다(시 90.4 참조).

24) 아담은 죽기 전에 노아의 아버지이자 자신의 8대손인 라멕을 보았고, 또 한 그를 알고 있었다. 마침내 아담은 타락 후에 받은 "너는 흙이니 흙으 로 돌아갈 것이니라"(창 3.19b)는 하나님의 심판 선언을 맞는다. 그의 모 든 후손들, 그러니까 셋의 후예들이 다 지켜보는 가운데 말이다. 그렇다 면 아담의 후손들, 그러니까 아들 셋에서부터 8대손 라멕까지 이어지는 후손들은 아담을 통해 태초의 역사를 비롯한 인류 타락의 역사를 듣고 알았을 것이다.
한 가지 아쉬움이 있다면 하와의 인생 연대와 죽음이 기록되지 않는 것 인데, 이는 좀 당혹스러운 점이 없지 않다. 한편 인류 첫 조상 아담이 죽 던 해, 그의 족보에 올라온, 그러니까 가인의 길로 행하지 않고 살았던 – 그 중 6대손 에녹이 단연 돋보인다.– 후손들이 한결같이 다 살아 있었음 에도 불구하고 점점 出에덴 이후의 역사는 노아홍수라는 심판의 파도 앞으로 거침없이 돌진 중이다. 가인의 족보는 이미 그의 5대손에서 더 이상 언급조차 할 수 없을 만큼 일그러졌고, 셋의 족보는 그 사이 셀 수 없을 만큼 무수한 자녀들이 태어나고 자라감에도 불구하고 그리 희망적 이지 않다. 이 모든 것을 고독하게 지켜봐야만 했을 아담의 심정은 어떠 했을까? 이것이 아담 이후를 살아가는 모든 사람의 실존적 질문이다.

25) 이때가 아담 사후 126년이자, 에녹 승천 69년이던 해다. 노아는 자신이 태어나기 불과 14년 전에 죽은 "하나님이 내게 가인이 죽인 아벨 대신에 다른 씨를 주셨다"(창 4.25b)는 '셋'의 이야기를 들으면서 첫 사람 아담과 하와의 이야기로부터 시작된 인류의 역사를 듣고 자랐을 것이다. 당시 사람들의 일생이 800-1,000에 가까운 것을 염두에 둔다면 아담의 죽음 과 에녹의 승천 이야기는 점점 죄악으로 치닫다 못해 심판이 임박해 오

는 시기를 살아가는 노아에게는 깊은 영적 울림이 되었을 것이다. 그는 그 시대 사람들 -모두가 다 셋의 후손들이다.- 과 달리 하나님이 주목하는 의인의 삶을 살아가게 되는 쪽으로 구속사의 흐름을 되돌리고 있다는 것은 의미심장하다.

한편 아담의 죽음과 에녹의 승천, 그리고 노아의 출생 사이의 역사를 기록하고 있는 창세기 6장의 분위기는 캄캄하기 그지없다. 사람의 죄악이 세상에 가득하고, 하나님은 사람 지으심을 한탄하신다. 창세기 기자는 당시의 참담함을 이렇게 기록하고 있다. 역시 유진 피터슨(E H. Peterson)의 [메시지 모세오경](The Message: The Old Testament Books of Moses)으로 옮겨본다(창 6.11-12) : 하나님께서 보시기에 세상은 이미 시궁창이 되어 있었고, 악이 곳곳에 퍼져 있었다. 하나님께서 보시기에 세상이 얼마나 타락했던지, 모든 사람이 썩어 있었고, 생명 자체가 속속들이 썩어 있었다.

아담은 이미 죽었으나 그의 죄는 이미 온 세상에 퍼졌다. 이것이 죄(罪)다.

26) 노아가 장남을 낳은 나이는 조상들과 비교해 매우 늦은 시기다. 아담이 셋을 낳은 때부터 그의 6대손 에녹까지 창세기 5장의 족보에 기록된 아들을 낳은 것은 평균 98세를 전후한다. 그러다가 아담의 7대손 므두셀라(노아의 조부)가 187세에, 8대손 라멕(노아의 부친)이 182세에 아들을 낳으면서 점차 늦어지더니 노아에게서는 무려 502세에 가서야 비로소 셈을 낳는다. 성경은 그 이유가 될 만 한 그 어떤 이야기도 하고 있지 않지만 매우 특별한 것임에는 틀림이 없다.

27) '셋의 후손의 대표'라 함은 셋의 족보에 등장하는 아담의 후손을 대표하는 창세기 5장 1-31절의 사람들을 말한다. 하지만 이들은 다같이 여기에 기록된 대표 자녀를 "낳은 후 ○○년을 지내며 자녀를 낳았"다. 아담이 죽던 해(930년)는 물론 노아홍수가 일어난 해(1,656년)까지도 셀 수 없는 자손들이 태어났고 또 태어나고 있었다. 그 기라성 같은 신앙의 거장

하나님, 저 아담입니다

들과 그 가족들이 홍수 이전에 다 죽었다는 것은 아니다.

아담이 셋을 낳은 해부터 노아홍수 심판이 일어난 해(130세 - 1,656년)까지, 그 사이 1,526년이라는 기나긴 역사 속에서 그 후손들 중 아무도 홍수심판으로부터 구원을 받지 못한다. 오직 노아의 가족 외에는! 놀랄 일이다. 어떻게, 무엇이, 왜 이 후손들의 역사를 이처럼 끌고 갔단 말인가? 심지어 에녹을 제외한 야렛의 다른 자녀들도, 노아를 제외한 라멕의 다른 자녀들 중 그 누구도 구원을 받지 못했다. 홍수심판은 이렇게 밀려오고 있었던 것이다.

28) 흥미로운 것은 이렇게 연대를 추론해 가면, 노아가 출생한 때(1,056년, 아담 사후 126년에 태어남)를 시작으로 그가 살았던 950세를 계산하면 노아의 죽음 연대가 2,006년인데 이는 데라가 70세에 아브라함을 낳기 58년 전에 해당한다. 그렇다면 아브라함은 노아와 58년이라는 세월을 함께 했다는 얘기가 된다(창 9.28-29, 11.10 참조). 이 무렵 아마도 아브라함은 갈대아 우르에서 첫 번째로 하나님의 부르심을 받아(창 11.31; 행 7.1-4), 다시 하란에서 얼마만큼 머물다가 그의 나이 75세에 두 번째 부르심을 받는다(창 12.1-3, 행 7.1-4). 이는 노아의 죽음 이후에 일어난 일련의 역사라는 점에서 주목할 필요가 있다. 마침내 역사는 아담(셋)-노아-아브라함으로 이어지는 구속사의 점진적인 발전을 맞는다.

Part 01

흙으로
아담을
지으시고

내 이름 아시죠

내 모든 생각도

여호와 하나님이 동방의 에덴에 동산을 창설하시고
그 지으신 사람을 거기 두시니라.
여호와 하나님이 흙으로 각종 들짐승과 공중의 새와 각종 새를 지으시고
아담이 무엇이라고 부르나 보시려고 그것들을 그에게로 이끌어 가시니
아담이 각 생물을 부르는 것이 곧 그 이름이 되었더라.
아담이 모든 가축과 공중의 새와 들의 모든 짐승에게 이름을 주니라.

(창세기 2.8,19-20)

그날 밤 보좌를 밝히는 촛대의 불은 오랫동안 꺼지지 않았다. 다만 불빛 너머로 비춰지던 떨리는 어깻짓으로만 그분의 마음을 짐작할 뿐이었다. 천사들마저 잠시 찬양을 멈추었기에 천국엔 그 어느 때보다 고요한 침묵이 흐르고 있었다. 하나님이 흘리신 눈물방울이 한 방울씩 떨어질 때마다 요란한 천둥소리를 내며 폭풍우로 변해 온 우주에 흩날리곤 했다.

그렇게 하나님 마음에 상처를 드린 나는 더 이상 고개를 들지 못하고 하나님이 우리 부부를 위해 만들어 주신

에덴동산을 떠나야만 했다. 세상 모든 만물을 만드시고 "참 좋았다!"고 말씀하시며 품었던 에덴에서의 찬란한 꿈을 산산이 부서뜨린 채로 말이다. 뱀이 선과 악을 알게 한다며 유혹했던 나무의 열매를 먹었던 바로 그날에.

:: 창조

난 하나님의 모습에 따라 창조되었다. 그가 직접 빚은 흙에 생생한 기운을 불어넣어주셔서 마침내 숨을 쉬는 생명체로 탄생했다. 내가 눈을 떴을 때, 환한 빛과 함께 내 앞에 계신 그가 누구인지 굳이 말하지 않아도 알 수 있었다. 엄마의 품에 안긴 신생아가 본능적으로 어미의 내음을 맡아 그 존재를 인지하듯, 내 앞에 서서 빙그레 웃고 계시던 바로 그 분이 나를 지으신 하나님이시라는 것을 온 몸으로 느꼈다. 그날 이후 나는 하나님을 알아가고 그 분과 대화하고, 그 분과 더욱 가까워진 것은 물론이었다. 게다가 아들이 아버지를 쏙 빼닮듯 하나님의 성품과 모습을 닮은 나에게 사명과 그에 따르는 목적이 주어졌다. 그만큼 큰 의미와 가치 있는 삶을 살도록 창조되었다는 것

하나님, 저 아담입니다

이 세상에서 가장 귀한 축복이자 행복으로 다가왔다. 더군다나 그 분의 직권인 온 땅을 다스리는 권한을 나에게 맡기셨다. 이 일은 '당신의 형상대로 지었으니 이제부터는 당신의 뜻을 깊이 헤아려 그 분의 일을 대신해 세상 속에서 실천해 가라'는 뜻으로 느껴졌다. 그것은 마치 부모와 자식보다 더 깊은 관계, 그것은 바로 나를 무한 신뢰한다는 증거였다.

오늘 유난히 하나님의 주례사와 함께 에덴동산 모든 생명체의 축하를 받으며 나의 사랑하는 하와와 인류 첫 가정을 이루던 그 날, 그 장면이 눈앞에 어른거린다. 그래서 더 괴로운 밤을 보내고 있다. 하나님은 내가 짝도 없이 혼자 지내는 것을 썩 좋게 보시지 않았다.

그렇게 아름답고 찬란한 지상낙원 에덴이라도 해가 자취를 감추고 어둠이 내리면 모든 피조물은 쌍을 이루어 저마다의 보금자리로 뿔뿔이 흩어져 버렸다. 하지만 최초이자 에덴에 단 하나뿐인 사람, 나 아담은 어두움을 벗 삼아 긴 밤을 쓸쓸하게 보내야만 했다. 하나님과 동행하면서도, 세상 모든 것이 다 내 손이 미치는 곳에 있었지만 나는 언제나 혼자였다. 이런 나의 마음을 하나님도 모르실리 만무했다. 하나님 자신도 '우리'(창세기 1.26/ 성부 성자 성령 삼위일체를 뜻함)셨기에 말이다.

하와를 처음 만나던 날, 나도 모르는 사이 깊은 잠에 빠졌었다. 얼마나 지났을까, 깨어나 보니 그토록 소망하던 나를 많이 닮은 여인, 하와가 하나님에게 이끌리어 나를 향해 천천히 걸어오고 있었다. 나도 모르게 저절로 입이 벌어지고, 이러다 심장이 멎는 거 아닌가 싶을 만큼 숨을 쉴 수가 없었다. 한 쪽 갈빗대가 몹시 아프다는 것쯤은 아무 문제가 되지 않았다. 하나님 손에 이끌리어 그녀가 내 앞에 다가올수록 내 심장박동은 온몸에서 느낄 만큼 쿵쾅 쿵쾅 냅다 방망이질을 해댔다. 내 여자라고 확신하자 나는 그녀에게 나의 마음을 그대로 고백했다. "이는 내 뼈 중의 뼈요, 살 중의 살이구나!" 정말이지 하나님이 보내주신 여인은 남자인 내 마음에 쏙 들어왔다.

그리고 곧 꿈같은 신혼을 맞았다. 이젠 에덴의 친구들이 하나 둘 자기 둥지로 돌아가도 나는 더 이상 혼자가 아닌 '우리'였기에 외롭지 않았다. 또 하나의 내가 바로 내 옆에 있었고, 우리는 이제 언제 어디서나 함께 할 수 있었으니까.

:: 타락

그렇게 둘이 하나인 듯 행복한 나날을 보내던 내가 '선악과 사건' 이후 에덴에서의 모든 꿈이 무너져버린 것이 '하와 때문'이라는 몹쓸 핑계병에 걸려 꽤 오랫동안 끙끙 앓아누웠다. "동산 중앙에 있는 나무 실과는 먹지도 만지지도 말라 너희가 죽게 될 것이다"라고 하셨던 하나님의 말씀을 잊고, 오히려 "눈이 밝아져 하나님과 같이 되어 선악을 분별한다"는 뱀의 유혹에 그 과실을 먹었고, 더 이상 에덴동산에서 살 수 없게 되었다.

에덴에서 쫓겨나 지내는 며칠 사이로, 그동안 느껴보지 못했던 감정인 하나님 아버지에 대한 그리움이 사무쳐 도저히 견딜 수 없었다. 어쩔 수 없는 귀소본능 때문이었을까? 다시는 돌아보지 않을 것만 같았던 에덴동산을 향해 아내 하와를 이끌고 무작정 달려갔다. 이윽고 동산 가까이에 다다르자 나는 더 이상 나아갈 수 없다는 현실의 벽 앞에서 그만 털썩 무릎을 꿇고 말았다. 그리고 아내에게 용서를 구했다. 솔직히 말해서 하나님을 잃은 후 아내마저 떠나버린다면 더는 이 세상을 살 의미가 없을 것만 같았다. 조금씩 불러오는 아내의 배를 바라보면서 곧 태어날 우리의 첫 아이에게는 결코 보여주고 싶지 않은 부끄러운 에덴의 초상을 도려낼 수만 있다면 모두 하얗게 지우고 싶다는 생각도 수없이 하고 또 했다. 그러니까 내가 아내를 용서한 게 아니라, 비로소 내가 나를 용서한 것이었다.

그러면서 '어쩌면 내 죄가 하나님께로부터 용서받을 수도 있지 않을까' 하는 실오라기 같은 희망의 빛이 조금씩 내 마음을 비추고 있었다. 하지만 아직은 조심스러울 뿐이다. 어쩌면 남편으로는 실패했을지라도, 아비로서는 절대 그러고 싶지 않은 어떤 강렬한 내 안의 울림 때문일 수도 있다. 농사로 얻은 수확물을 감사의 마음에 담아 하나님 앞에 세우면 그분의 임재를 희미하게나마 기억할 수 있어서 소망의 끈을 놓지 않는 것이었다.

이처럼 보이는 제물을 하나님께 드리는 행위에서 하나님의 임하심을 맛보는 경험이 하나 둘 쌓여가면서 내 마

하나님, 저 아담입니다

음이 차츰 회복되고 있는 것 같다. 이 마음이 내 아내에게도 흘러감을 짐작할 수 있었다. 이렇게 에덴동산을 벗어나서도 아주 미미하게나마 에덴에 거니시던 하나님을 느낄 수 있었다. 아직은 이것이 구체적으로 무엇을 의미하는 지는 자세히 알 수는 없지만 말이다.

선악을 알게 하는 나무의 열매를 먹기 이전에 하나님과의 동행은 숨을 쉬는 것만큼이나 자연스러운 일상이었다. 그러나 지금의 나는 어떤가. 간절히 갈망하고 온 마음으로 두드려야만 희미하게 그 분을 느끼고 기억해 내는 것이 전부다보니 이런 내 모습이 때로는 어색하고 부자연스럽기까지 하다. 그래도 떠나왔던 하나님을 다시 찾아 나선 이 결단은, 비록 뻔뻔스러워 보일지라도 다시 일어날 수 있는 유일한 길일지 모른다는 절박한 몸부림이기도 하다.

돌이켜보면 에덴은 한 폭의 수묵화와 같은 곳이었다. 한 번 그린 그림에 덧칠을 할 수 없는 수묵화처럼 한 번의 실수로 다시 회복할 수 없다는 의미다. 이미 내가 죄로 찢어버린 에덴, 그래서 잃어버린 에덴이지만 문득문득 나 아닌 누군가가 다시 덧칠을 하고, 여러 가지 색으로 선명하게 변화시킬 수 있으리라는 생각이 내 심령을 울린다. 마치 채색화처럼 말이다.

이건 나의 상상만은 아니었다. 우리 부부가 에덴에서의 수묵화를 망쳐놓았을 때, 하나님이 뱀에게 "내가 너로 여자와 원수가 되게 하고 네 후손도 여자의 후손과 원수가 되게 하리니 여자의 후손은 네 머리를 상하게 할 것이요 너는 그의 발꿈치를 상하게 할 것이니라"(창세기 3.15)는 말씀을 떠올리면서 더욱 확신을 가졌다.

내가 물에 빠졌을 때 내가 내 머리를 들어 올린다고 해서 물에서 건져지는 것이 아니다. 그렇다. 내가 다시 에덴을 에덴답게 할 수는 없다. 죄인인 내가 뭘 할 수 있단 말인가. 나는 하나님이 그려놓으신 수묵화 같은 에덴을 돌이킬 수 없는 작품이 되게 만들어 버렸다. 그러나 하나님은 내가 실패해 버린 에덴을 채색화처럼 새롭게 바꾸어 놓으실 거라는 생각, 이게 에덴의 희망을 캐는 작은 씨앗이 되었다.

에덴은 언제나 내 그리움의 눈물이 흐르는 고향이다. 이 그리움이 강을 이루도록 넘치게 할지라도 죄가 없던 예전의 에덴으로 돌리지는 못한다. 내가 에덴을 위해 할 수 있는 건 이제 아무 것도 없다. 내 몸 하나 건사하기 버거운 주제에 언감생심 무얼 꿈꿀 수 있단 말인가.

그저 하나 둘 기억으로 재생되는 하나님의 말씀이 경이로울 뿐이다. 에덴에서의 모든 것을 잃었지만 그 분의 말씀만은 아직 남아있다. 아니 묵상을 하면 할수록 새록새록 말씀이 더욱 또렷해진다. 그리고 동시에 에덴의 추억이 하나 둘 되살아난다. 아, 그럴수록 미치도록 하나님이 그리워진다. 비록 전처럼 완전하지는 않을지라도 단 한 번만이라도 그분 앞에 설 수 있다면, 내가 드리는 볼품없고 보잘 것 없는 제물과 묵상에 한번이라도 찾아와 주신다면 탕자로서 그분 앞에 마음껏 무너질 수 있을텐데.

이런 나는 오늘도 에덴앓이를 하고 있다.

02 | 에덴

환상곡

하나님께서 사람을 데려다가 에덴동산에 두시고,
땅을 일구며 돌보게 하셨다.
하나님께서 사람에게 명령하셨다.
"동산에 있는 모든 나무의 열매는 무엇이든 먹어도 좋다.
그러나 선과 악을 알게 하는 나무의 열매는 먹어서는 안된다.
그 나무의 열매를 먹는 순간, 너는 죽을 것이다."
(창세기 2.15-17)

:: 1악장

나는 사람에게서 태어나지 않고 하나님이 직접 만들어 주신 몸이다. 태초의 천지창조 여섯째 날 마지막에 하나님이 당신의 형상대로 날 지으셨다. 하나님께서 땅의 흙으로 사람을 지으시고 생기를 그 코에 불어넣어 비로소 살아 숨 쉬는 생명체가 되었다. 내 스스로 나를 만들었거나, 우연히 어떤 물질이 변하고 변해서 점점 사람이 된 것도 아니다. 나는 진실로 하나님께서 만드셨다.

물론 하나님은 사람인 나 아담과 하와만을 만드신 것은 아니다. 하나님은 엿새 동안에 '보이는 모든 것과 보이지 않는 모든 것을' 오직 말씀으로 창조하셨다. 그리고 나를 하나님께서 땅의 흙으로 빚으신 것처럼 흙으로 각종 들짐 승과 공중의 각종 새들까지 지으셨다. 게다가 큰 바다 짐 승들과 물에서 번성하여 움직이는 모든 생물과 날개가 있 는 모든 새와 하늘의 새들을 창조하시고, 그들에게도 내 게 말씀하신 것처럼 복을 주시며 행하신 명령도 참 흥미 롭고 놀랍다.

"잘 자라서, 풍성해져라!
바다에 가득하여라!
새들은 땅 위에 번성해라!"(창세기 1.23)

이 말씀은 우리 부부에게도 똑같이 하신 말씀이지만 여 기서 꼭 짚고 넘어갈 부분이 있다. 나는, 그리고 사람은 다른 생물과는 근본적으로 다른, 아주 특별한 존재라는 것이다.

모든 짐승은 흙으로 빚어졌지만 사람인 나에게는 한 걸

음 더 나아가 "우리가 우리의 형상을 따라 사람을 만들자. 그들로 우리의 본성을 드러내게 하여"(창세기 1.26a)라고 말씀하시며 땅과 하늘과 바다에 지으신 그 생물들을 다스리는 권한을 부여하셨기 때문이다.

"자녀를 낳고, 번성하여라! 온 땅에 가득하여라! 땅을 돌보아라! 바다의 물고기와 공중의 새와 땅 위에 사는 온갖 생물을 돌보아라!"(창세기 1.28) 이렇게 말씀하셨고 게다가 모든 동식물들을 우리에게 양식으로 주셨다. 아무리 재료가 같은 흙이더라도 사람과 짐승은 엄연히 다르다. 그러니 사람이 짐승과 같다거나, 짐승으로부터 왔다든지, 또 어떤 이들이 내세우는 것처럼 하찮은 생물로부터 사람으로 점차 변하여갔다는 주장은 어디까지나 한심한 가설일 뿐이다.

그것은 인류의 첫 사람인 나 아담을 모르는 무지에서 시작된 말이다. 이처럼, 하나님을 믿지 못하는 자들이 나 아담을 쏙 빼놓고 무슨 짐승이나 해괴망측한 벌레 같은 것들을 인류의 조상의 자리에 떡하니 올려놓는 씻지 못할 죄를 쌓다니 참으로 안타까운 일이다. 이런 근원을 모르

하나님, 저 아담입니다

니 안타깝게도 믿음 없던 가인이 아벨의 목숨을 빼앗았던 것이다.

:: 2악장

하나님께서 사람을 흙으로 빚으신 다음에 그 코에 생명의 숨을 불어넣으셨다. 그러자 그 사람 아담이 살아나 생명체가 되었다. 이 사실을 잊으면 안 된다. 그러했기 때문에 내가 에덴동산을 돌보는 것은 물론 들의 모든 짐승과 공중의 모든 새의 이름까지도 지어줄 수 있었다. 그리고 내 갈빗대를 떼어 준 사랑하는 아내 하와를 내게 데려오실 때 "드디어 나타났구나! 내 뼈 중의 뼈, 내 살 중의 살! 남자에게서 나왔으니 여자라고 부르리라"(창세기 2.23)라는 노래가 절로 나왔다.

쉿! 여기서 내가 누구에게도 말한 적 없는 나만의 비밀을 말하겠다. 나는 탯줄을 끊은 적이 없으니 당연히 배꼽도 없다. 그리고 어머니의 모태에서 태어나지 않았으니 영유아기도 없었다. 만일 아기로 창조되었다면 누군가가 날 키워야만 했을 거다. 이렇게 부모가 없으니 본가(本家), 즉 며느리의 영원한 숙제인 시댁도 시부모도 없고, 반대로 외가(外家)나 처가(妻家)도 없다. 한 마디로 나는 고아요, 청년가장이었다.

하나님은 어느 날 나를 다 큰 어른으로 만드셨다. 사람으로 만들어진 그 순간 날 만드신 분이 하나님이란 걸 알았다. 나는 누구에게 전도를 받은 것도 아니었다. 이것은 무죄한 자로 지어진 나만의 특권이다. 하나님은 동방의 에덴에 동산을 만드시고 우리의 주거지로 주셨다. 후에 알게 됐지만 동방 에덴동산을 맡은 최고경영자(CEO)가 됐었다. 아마 지금 시대 같았으면 난 당연 1등 신랑감일 텐데. 이런 나는 인류 첫 사람 아담(ADAM)이다.

:: 3악장

하나님과의 관계를 좀 더 애기해 볼까한다. 하나님에게는 외아들 예수 그리스도가 계셨으니 엄밀히 말하면 나는 하나님의 아들도 아니다. 만일 내가 하나님의 아들이라면 당당히 "내가 하나님의 둘째 아들이다"라고 말했을 텐데.

하나님, 저 아담입니다

하기야, 그러면 예수님을 독생자라 부르는 게 문제가 되겠다. 이래저래 나는 하나님의 아들이 아닌 게 확실하다. 조물주 하나님은 나를 낳은 게 아니라 흙으로 빚고 코에 생기를 불어 넣어주시어 나는 피조물인 사람이 되었다.

이런 나를 하와와 결혼시켜 주시고, "남자가 부모를 떠나"라고 말씀하신 것처럼 하나님이 나의 부모 역할을 한 것은 분명하다. 사람이라면 누구나 부모가 있지만 나에게는 없다. 하지만 난 하나님에 의해 직접 만들어진 그런 오묘한 사람이다. 어쨌든 이런 의미를 종합해 보면, 난 최초로 하나님에게 입양된 아들인 셈이다(로마서 8.15).

변명처럼 들리겠지만 앞서 고백했듯 난 태생적으로 남편과 아버지 역할이 서툴렀다. 듣고, 보고, 배운 게, 자연스럽게 알아가거나 동시에 치열한 삶으로부터 체득한 게 없었다. 한 번도 훈련 받은 적이 없었으니까. 그래도 하나님의 형상으로 지은 바 되었기에 에덴을 다스리며 지키는 일을 감당하기엔 별 어려움이 없었다. 그 정도의 능력은 죄 없이 창조되었을 그때에 이미 주어진 것이 아닐까?

그러던 어느 날, 마음에만 두고 차마 입 밖에 꺼내지 못한 내게 하나님께서는 "사람이 혼자 사는 것이 좋지 않으니, 내가 그를 도울 짝(돕는 배필)을 만들어 주어야겠다"(창세기 2.18) 말씀하시며, 나를 깊이 잠들게 하고 갈빗대 하나를 뽑아서 여자를 만들어 주셨다. 그리고 에덴 가든에서 친히 주례를 해 주시므로 그렇게 첫 가정이 세워지고, 아카시아 꿀보다 더 달콤한 신혼생활이 시작되었다. 무죄했던 때에도, 그러니까 하나님이 보시기에 심히 좋았던 범죄 이전의 때에도 혼자 지내는 것이 좋지 않다고 말씀하신 것은 내가 전능하지도 않고 또 완전하지 않다는 걸 의미한다. 아직 죄인이 아니었을 때임에도 말이다.

그러나 에덴에서 펼쳐진 신세계는 모든 것이 다 새로웠다. 내가 무엇을 하든 그것이 모두 역사의 시작이었으니까. 마치 아무도 지나간 흔적 없는 하얀 눈밭에 첫 발을 내딛는 그 기분, 하지만 그 성취감만큼 책임감도 뒤따랐다.

:: 4악장

나의 신혼생활은 눈부실 만큼 황홀하고 아름다웠다. 하지만 장미의 아름다움에 너무 깊이 빠져들지 않도록 함께 주신 가시처럼 우리의 삶이 방종에 흐르지 않게 하시려고 주신 금기에 대해, 난 아내 하와에게 알려줄 의무가 있었다. 그래서 잊을만하면 한 번씩 잔소리 아닌 잔소리를 했었다. 그것은 단 하나의 금지명령.

만약, 이 금지의 선을 넘지만 않았어도 내 생애 930년은 그리 뒤엉키지 않았을 것이다. 또 남편으로서의 책임을 조금만 더 막중하게 느끼고, 아내가 흔들려 넘어지지 않도록 하는 바로 거기까지 '돕는 배필'이 되어 주었더라면 사랑하는 아내 하와의 생도 그렇게 모질지만은 않았을 텐데… 죄는 죽음을 낳고, 죽음은 후회를 열매 맺게 한다.

곧 다시 잠이 든 아내 하와의 모습을 보며 이런 저런 생각에 빠져든다. 그리고 보니 바로 저 언덕 너머로 아득하게 펼쳐진 곳이 동쪽이다. 내 고향 에덴, 난 이 긴긴 밤, 그곳이 미치도록 그립다. 죽음이라는 죄의 값이 나를 더 이상 이 세상에 영원히 두지 않겠다고 하기 전에, 정말이지 딱 한번만이라도 좋으니 그곳에 가 보고 싶다. 그래, 내가 눈을 감는 그 날까지 그런 일은 없겠지. 하지만 그래도 난 헛된 희망의 지푸라기라도 잡고 싶은 마음뿐이다.

하나님, 저 아담입니다

하나님께서는 보기에도 아름답고 먹기에도 좋은
온갖 나무를 그 땅에 자라게 하셨다.
동산 한가운데는 생명나무가 있었고,
선과 악을 알게 하는 나무도 있었다.

"그러나 선과 악을 알게 하는 나무의 열매는 먹어서는 안된다.
그 나무의 열매를 먹는 순간, 너는 죽을 것이다."

(창세기 2.9,17)

하나님은 천지창조 후, 언젠가 나를 동방의 에덴동산
에 두시고는 "동산 각종 나무의 실과는 네가 임의로 먹되
선악(善惡)을 알게 하는 나무의 실과는 먹지 말라 네가 먹
는 날에는 정녕 죽으리라"(창세기 2.16-17)는 언약의 메시지를
분명한 어조로 말씀하셨다. 물론 그땐 '생명나무'(창세기 2.9)
에 대해 특별한 말씀을 하진 않으셨을 때다. 그러다가 생
명나무에 대해 언급하신 것은, 우리 부부가 하나님이 금
지하셨던 선악을 알게 하는 나무의 실과를 먹고 범죄하여

에덴에 계획하신 하나님의 놀라운 꿈이 산산이 무너진 후
였다.

그러던 어느 날 그분은 친히 만드신 가죽옷을 들고서
어느 때처럼 우리에게 심방 오셨다. 그리고 우리의 수치
를 감춰주시기 위해 그 옷을 입히시더니 그제야 다시 '생
명나무'에 대해 중요한 말씀을 하셨다.

범죄 후였지만 아직 에덴에 있을 때였다. 하나님이 내
게 "너는 흙이니 흙으로 돌아갈 것이니라"(창세기 3.19b) 말씀
하셨다. 그땐 이 말씀의 뜻이 정확히 뭔지 알지 못했다.
그러니 생명나무의 비밀 또한 깨달았을 턱이 없었다. 그
런데 피눈물 나는 에덴 밖에서의 인생살이 가운데, 특별
히 차남 아벨이 장남 가인에 의해 싸늘한 시체가 되어 흙
으로 돌아가는 걸 보면서, 그렇게 내 생명도 영원하지 않
음을 생생하게 체험하고부터 종종 생명나무로 가는 길을
차단하신 하나님의 의중을 곰곰이 생각해 보곤 했다.

하나님, 저 아담입니다

:: 생명나무의 열매도 따먹고 영원히 살까

여호와 하나님이 "과연 사람이 우리 가운데 하나처럼 선악을 알게 되었으니 그가 이제라도 손을 내밀어 생명나무의 열매를 따먹고 영원히 살면 안 될 것이다"(창세기 3.22)라고 우려하신 것처럼 내가 선악과를 따먹어 범죄한 뒤 생명나무 열매까지 손을 대고 말았다면, 그 일 이후 난 어찌 되었을까? 죄인인 모습으로 죄를 해결하지 못한 채 영생하게 될 뻔 했다.

'과연 죄인이, 죄인의 상태로 영생할 수 있나? 하나님의 명령을 어기고 선악과를 먹으면 죄인이 되고, 그러면 반드시 죽는다고 하지 않았나? 이렇게 되면 불순종을 통해 죄인이 되는 것도, 죄인으로 죽지 않고 영생하는 것도 인간 마음대로 되는 것인가? 만일 그렇다면 그것이 여자의 후손(창세기 3.15)이라고 하신 그리스도 즉 메시아 밖에서, 그리스도와 상관없이도 영생하게 된다는 얘기가 아닌가?' 바로 이것이 생명나무 금지령에 들어있는 하나님의 섭리다. 에덴에 있을 때 이런 묵상을 통해 조금만 더 일찍 철이 들었더라면 좋았을걸.

:: 비밀

정리해 보면 첫째로, 하나님은 나와 온 인류가 죄인의 몸으로, 그러니까 죄의 문제를 해결하지 않은 상태에서 생명과를 먹고서 영생을 얻는, 그것도 죄인으로서 영생하는 돌이킬 수 없는 불행을 막으신 것이다.

둘째로, "모든 사람이 죄를 범하였으매 하나님의 영광에 이르지 못하더니"(로마서 3.23)라고 선언한 본죄(本罪)의 문제를 이미 본질상 죄인이 된 내가 스스로 죄를 해결할 수 없다는 걸 확증하셨다.

셋째로, 만약 죄인에서 영생으로 들어가는 것이 생명과를 먹음으로 가능하다면 인간의 행위가 영생의 문을 여는 열쇠가 된다. 그렇다면 여자의 후손이라는 계시의 점진적 발전은 처음부터 별 의미 없는 구호였을 것이다.

비록 에덴을 나온 후였지만 밀려오는 고통과 번민의 세월을 지내면서 여자의 후손(창세기 3.15), 가죽옷(창세기 3.21), 생명나무의 길(창세기 3.24)... 이렇듯 암호처럼 그 속에 감추신 하나님의 마음을 희미하게나마 느끼며 얼마나 감사했는지 모른다. 특히 나의 수치를 감추는 가죽옷을 만들어주

  하나님, 저 아담입니다

려고 피를 흘려야 했던 또 하나의 생명의 희생과 헌신을 나 역시 제사드림을 통해 동일하게 느끼고 경험했다. 또한 아벨의 제사를 받으시는 하나님을 보면서 죄의 문제를 그 어떤 것보다 철저하게 바라보시는 하나님을 두려움, 나아가 경외함으로 대면하였다.

하나님은 생명과를 먹는 등의 행위와 방법을 통해 인간이 영생할 수 있는 길을 천하 인간에게 허락하신 적이 없다(사도행전 4.12). 이것이 나를 出에덴 시키신 하나님의 뜻일 것이다(창세기 3.22-24). 죄를 가지고는 결단코 영생할 수 없으니까. 하나님은 죄의 짐에서 나와 인류를 해방하시고 의(義)의 나라로 인도하시기 위해 구원의 길을 준비하고 계신다는 것을 이렇듯 에덴 밖에서나마 조금씩 깨닫게 하시니 감사할 뿐이다.

오늘도 그룹(Cherub, 에덴을 수호하며 하나님을 섬기는 피조물) 천사들과 쉼 없이 돌아가며 회전하는 화염검(불 칼)이 지키고 있는 생명나무로 가는 성지의 길목 앞에 서서 이 마음으로 하나님을 묵상한다. 늘 그렇지만 오늘도 가슴 휘청거리도록 하나님이, 나의 살던 고향 에덴이 그립다. 화염검만 없었어도 슬그머니 다녀오고 싶은 강렬한 충동이 인다. 물론 그 행동의 결과가 어떨지 잘 알면서도 마음으로 꿈꾸는 또 다른 죄의 파편들이다. 난 에덴에서 죄를 범해 죄인이 되었지만, 에덴 이후의 나는 죄를 지어서가 아니라 죄인이기에 죄를 범하는 자가 되어 있었다.

 하나님, 저 아담입니다

뱀이 여자에게 말했다.
"너희는 결코 죽지 않아.
하나님은 너희가 그 나무의 열매를 먹는 순간 하나님처럼 되어서,
선에서 악까지 모든 실상을 보게 되리라는 것을 알고 계신거야."
여자가 그 나무를 보니 먹음직스럽게 보였고,
그 열매를 먹으면 모든 것을 알게 될 것 같았다!
여자가 그 열매를 따서 먹고 자기 남편에게도 주니,
그도 먹었다.
그러나 그 두 사람은 곧바로
"실상을 보게 되었다."
자신들이 벌거벗은 것을 알게 된 것이다!
그들은 무화과나무 잎을 엮어서 임시로 몸을 가렸다.

(창세기 3.4-7)

하나님은 인류 첫 사람 아담을 만드시고 난 뒤 여자인 나 하와 또한 성인으로 만들어주셨다. 사람이 혼자 사는 것이 좋지 않다고 말씀하시며 아담의 갈빗대로 나를 지으신 것이다. 그렇게 난 그의 아내가 되었다. 따로 만드셨지만 부부로 엮어 주셨으니 우리 둘은 서로 눈 맞아 연애하

다 결혼한 사이는 아니었던 거다. 하나님이 계획하셨고, 그래서 우리는 처음 만난 순간부터 이미 서로를 하나님의 시각에서 바라보고 받아들일 수 있었다. 돕는 배필로, 우리를 서로에게 꼭 필요한 짝으로 만드셨기 때문이다. 이렇게 우리 둘은 하나님의 중매와 주례를 통해 에덴에서의 꿈같은 신혼을 시작했다.

우리의 초기 에덴생활은 마치 수백 년을 살아서 알게 된 인생사처럼 모든 것을 자연스럽게 알아가고, 행하고, 느끼고, 누리는 복 그 자체였다. 경험이 쌓여서가 아니었다. 한 번도 겪어본 적 없는 현재를 마치 어제 살아본 것처럼 살 수 있었는데 이것이 바로 우리가 잃어버리기 전 하나님의 형상 안에 든 설명할 수 없는 축복이었다.

하나님께서는 진흙덩어리로 아담을 빚으시고 그 코에 생명의 숨을 불어넣으시자 그가 살아나 생령, 곧 생명체가 되었다. 그리고 어느 날, 아담을 깊이 잠들게 하시고 그에게서 떼어 낸 갈빗대로 여자인 나를 만드시고, 남자인 아담에게 데려가셨다. 아담이 생명체가 되었던 것처럼 나도 하나님이 불어넣으신 생명의 숨을 받아 호흡과 함께 온몸 마디마디가 움직이기 시작하면서 눈을 떴을 때 누군가 나를 흐뭇하게 바라보고 있었다. 그 분이 바로 나를 지으신 하나님임을 알았다. 하나님은 자기 형상대로 사람을 창조하시되 남자와 여자로 창조하셨기 때문이다.(창세기 1.27)

에덴동산을 둘러싼 모든 것들은 학습과 경험이라는 시행착오를 겪으며 터득한 것이 아니고, 반대로 하나님의 형상 안에서 모든 걸 그냥 깨닫고 아는 은혜의 선물로 받았다. 이것이 에덴 안에 주어진 하나님 형상대로의 위대함이다.

이렇게 아담과 나는 하나님은 어떤 분이며, 우리는 누구이고, 에덴에서부터 우리의 사명과 소명에 이르기까지 '하나님의 형상대로' 지음 받은 그 안에서 알아갔다. 그러니까 지음 받은 이후부터 지으신 이가 말씀해 주시는 것 안에서 하나 둘 그분을 아는 지식에서 자라갔던 것이다. 하지만 불행하게도 다 잃어버린 지금에서야 아쉬워하면서 에덴을 추억하고 있다.

:: 풀리지 않는 의문

한편 결코 생각하고 싶지 않은 내 기억의 트라우마를 조심스럽게 꺼내보려고 한다. 하나님이 지으신 들짐승 중에 가장 간교한 바로 그 뱀, 즉 '옛 뱀 곧 마귀라고도 하고 사탄이라고도 하며 온 천하를 꾀는 자'(요한계시록 12.9a), 첫 사람 아담과 나는 물론이고 에덴에 꽃피기 시작한 하나님의 모든 꿈을 완전하게 무너뜨린 원수이며 악의 축인 사탄에 대해 한 번은 짚어야 할 것 같기 때문이다.

나에겐 아직도 풀리지 않은 의문이 있다. 완전한 에덴이었던, 아직 아무도 그 어떤 것도 죄와 악으로부터 오염되지 않은 창조의 때에 어떻게 뱀이 하나님으로부터 떠나 있었는가 하는 것이다. 그럼 에덴은 내가 뱀의 꼬임에 의해 선악을 알게 하는 나무의 실과를 먹기 이전부터 죄에 오염이 되어 있었던 건가? 내가 하나님을 떠난 게 먼저가 아니고 뱀이 더 먼저였으니까?

내가 죄의 늪에 빠지기 전, 아직 죄가 무엇인지도 모르던 내가 이미 하나님을 배반하고 하나님과 원수가 된 뱀에게 속았다니 참으로 어처구니가 없는 노릇이다. 뱀 역시 나의 타락 이후에야 비로소 하나님의 완전한 저주선언을 받는 걸로 봐서 그의 감언이설에 그만 놀아나지만 않았다면 최악의 상황은 피할 수 있었을 텐데… 뒤늦은 후회는 부질없지만 뱀의 간교함은 상상 그 이상이었다.

뱀이 여자에게 말했다.
"하나님이 너희에게 동산 안에 있는
모든 나무의 열매를 먹지 말라고 하셨다는데,
그게 정말이냐?"
뱀이 여자에게 말했다.
"너희는 결코 죽지 않아.
하나님은 너희가 그 나무의 열매를 먹는 순간
하나님처럼 되어서,
선에서 악까지 모든 실상을 보게 되리라는 것을
알고 계신거야." (창세기 3.1b, 4-5)

먼저 뱀은 하나님의 말씀을 남편 아담으로부터 간접적으로 들었던 나를 집요하게 공격해 왔다. 마치 믿을 수 없는 풍문을 들은 것 같은 미묘한 감정을 부추기며('참으로'), 하나님의 언약이자 계명을 날조하고('모든'), 부정적인 것에 초점을 맞추면서('먹지 말라'), 의문으로 상상을 불러일으켜 가면서 하나님의 명령을 질문형으로 변질시켜 가면서('하시더냐?') 말이다.

게다가 하나님의 명령을 떠나는 일을 확신케 하면서('결코'), 하나님 말씀에 있는 심판의 요소를 부인하도록('죽지 아니하리라'), 반쪽 진리로('하나님과 같이 되어'), 하나님의 성품을 왜곡시키고 악평하면서('하나님이 아심이니라') 에덴을 산산조각 나게 해 버렸다. 가히 뱀은 하나님마저도 자기 마음대로 가공할 수 있을 만큼 능수능란한 존재였다. 한 번 더 강조하는데, 뱀은 내 영혼 안의 생각이나 상상으로 만들어낸 허상이 아니라 나와 대면한, 보이는 형체를 가진, 그것도 말을 할 줄 아는 분명한 실체였다.

:: 에덴 이후

이제 죄로 인해 하나님의 형상을 잃어버리고 타락한 내가 무슨 말을 더 할 수 있겠는가. 그저 에덴 이후의 삶을 궁금해 할 후손들을 위해 일기처럼 내 삶을 기록할 뿐이다.

하나님, 저 아담입니다

에덴을 떠나 땅을 갈며 땀 흘리는 남편 곁에서 나는 가인을 임신하고 말았다. 그리고 입덧이라는 걸 하면서 고통이 시작되었다. 정말 에덴은 추억일 뿐이었고, 아픈 그리움이 되었다. 사람들은 내게 신경써야할 시댁이나 시부모가 없어 좋겠다고 말하겠지만 에덴을 잃은 것과는 비교도 안 되는 난센스일 뿐이다.

하나님에 대한 불순종은 하나님의 형상 안에 자유롭기만 하던 모든 꿈을 모두 물거품으로 만들었다. 죄를 행함으로 이 모든 것을 잃었기에 아무리 의를 행한다고 해서 다시 찾아올 수는 없는 일이었다. 이게 바로 죄악의 무서운 형벌이라는 걸 에덴 밖에서 처절하게 맛보고 경험하고 있다. 이렇듯 이제 다시 되돌릴 수도 없다.

떠나와 보니 이제야 에덴이 얼마나 거룩한 땅이고 축복의 나라였는지를 실감한다. 이 질긴 1천 년에 가까운 세월을 남편 아담으로 더불어 살아가고 있으니, 내가 토해 낼 이야기도 거기에 비례하지 않겠나!([아담연보] 참조)

아무튼 그즈음 나는 불러오는 배를 보면서 남편 아담이 자기 갈빗대로 만들어진 나의 이름을 '하와'라 불러준 것 같이 이번엔 나도 '태어날 우리 아이의 이름을 지어주고 싶다'고 생각했다. 하나님은 이미 에덴에서 아담에게 당신이 창조하신 모든 만물의 이름을 마음대로 붙이도록 허락하셨다. 심지어 내 이름까지도 말이다. 조금은 억지스럽고 속 좁은 마누라의 편견이라 해도 변명할 순 없지만 아담이 미울 땐 그가 이름 지은 '뱀'이나 '하와'라는 내 이름까지도 짜증나고 속상할 때도 있었다. 그래서 곧 태어날 아이들의 이름은 내가 지어주고 싶었나보다.

그리고 내가 시작한 에덴의 몰락을 곧 태어날 자식에게는 대물림하지 않겠다는, 어떻게든 좀 역류시켜보려는 간절한 마음이 깊이 자리 잡았기 때문일 수도 있다. 그렇게 점점 내가 낳고, 기를 테니까 이번엔 꼭 아이들 이름을 내가 지어 불러보자는 생각이 점점 더 강해졌다. 드러내진 않았지만 그 고집 안에는 아들을 딛고 나 역시 다시 일어나고 싶다는 마음이 감추어져 있었을지 모르겠다.

가르쳐 줄 이 아무도 없고, 누구에게서도 배울 수 없고, 한 번도 경험해 본 적 없는 '출산'을 앞두고 그나마 한 가닥 희망은 태어날 아들의 이름이었다. 동물들도 뭔가를 배워서 살아가는 게 아니듯 나 역시 이미 내 안에 넣어주

셨으나 아직 어렴풋이 남아있는 감을 좇아 하나 둘 출산
준비를 해나갔다. 이렇듯 내 영혼 깊이 보이지 않는 성소
에 품고 있는, 이제 곧 부르고 싶은 그 이름의 희망은 이
힘든 시절을 이겨내게 하는 또 하나의 힘이었다.

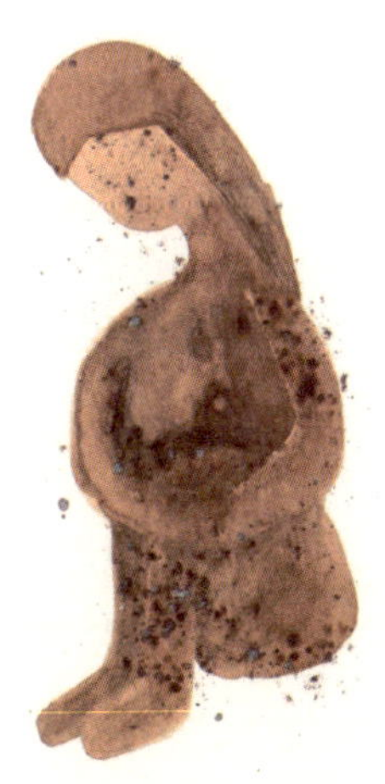

05 | 모질고 씁쓸한 회상 속으로

하나님께서 말씀하셨다.
"사람이 혼자 있는 것이 좋지 않으니,
내가 그를 도울 짝을 만들어 주어야겠다."

여자가 대답했다.
"뱀이 꾀어서, 제가 먹었습니다."
하나님께서 뱀에게 말씀하셨다.
"네가 이런 일을 저질렀으니,
너는 모든 집짐승과 들짐승보다 더 저주를 받아
평생토록 배로 기어 다니면서
흙을 먹어야 할 것이다.
내가 너와 여자 사이에
네 후손과 여자의 후손 사이에 전쟁을 일으킬 것이다.
여자의 후손은 네 머리를 상하게 하고
너는 그의 발뒤꿈치를 상하게 할 것이다."
여자에게는 이렇게 말씀하셨다.
"내가 네게 해산의 고통을 크게 더하겠다.
너는 고통 속에서 아이를 낳을 것이다.
너는 네 남편을 기쁘게 해주려고 하겠지만
그는 너를 지배하려 들 것이다."
(창세기 2.18, 3.13-16)

    하나님, 저 아담입니다

:: 에덴을 추억하며

어디 가서 이 하소연을 해야 하나, 부족함 투성인 초라한 내 자화상을.

세상에 처음 발을 내딛었을 때 나는 모든 것의 시작선상에 서 있었다. 애시당초 내겐 영유아 시절도, 외동딸의 우아함도, 질풍노도의 청소년 시절도, 부모도, 친정도, 시댁도, 형제·자매도, 친척도, 직장생활도, 친구도, 이웃도 없었다. 그러니 아이 키우는 것은 물론, 입히고 먹이고 재우는 등 기본 살림은 어떻게 하는지 알 리가 있나, 무엇보다 가장 어려운 점은 남편 뒷바라지였다. 보고 배운 것이 없었으니 결혼생활이 늘 서툴 수밖에 없었다.

에덴에서 생활할 때는 의식주에 필요한 모든 것이 차고 넘쳤기 때문에 특별히 땀을 흘리며 애써 노동하지 않아도 됐는데… 그래도 지금 내 옆에는 남편이 있기에 그나마 이 낯선 땅, 새로운 환경에 적응하고, 배워가고, 경험을 쌓으며 그럭저럭 익숙해지고 있다.

물론 잃어버린 것이 더 많은 건 누구나 아는 사실이다. 처음 지음 받았을 때 부여 받은 지식과 지혜를 죄 때문에 빼앗기고, 또한 왜곡되어 버렸다. 그렇기 때문에 타락 이전을 온전히 기억해 내기는 어렵지만 우리 몸에 쌓은 경험과 남아있는 그 무엇이 우리를 이끌어 주고 있어서 생활에 큰 무리가 없다는 것이 감사하다. 이것은 본능과 유사하기는 하지만 정확한 표현은 아닌 듯하다. 오래 전부터 내 안에 있던 것처럼 자연스럽고, 참으로 경의로운 하나님의 형상 속에 녹아 있는 DNA라고나 할까.

이제야 이런저런 비교가 가능한 까닭은 에덴에 있을 때와 너무 다른 삶의 공간에서 만나는 많은 제한과 한계 때문인가 보다. 하지만 절묘한 것은 에덴에 대한 기억들이 희미하게 복원되기는 하지만 안타깝게도 그때로 돌아갈 수 있는 길이나 방법은 전혀 없었다. 에덴으로 들어가는 길목을 알고 있지만 내 능력과 힘으로 다시 그곳에 들어간다는 것은 불가능하다. 잃어버리기도 내가 하고, 그걸 다시 찾는 것도 내 스스로 할 수 있다면 내가 하나님이지 어찌 인간이겠는가.

나는 이 세상에 존재한 첫 성인 여자다. 내 뱃속에서 열 달 동안 잉태되었다 태어난 젖 먹는 딸은 가인과 아벨을 낳고도 참 많은 세월이 지난 후였으니까 한 동안 난 남자

  하나님, 저 아담입니다

들만의 세계에서 홀로 외로운 여자였다. 이런 내가 가인을 잉태하고 입덧을 하고, 그를 낳아 탯줄을 자르고, 그리고 홀로 첫 아들을 키웠다. 엄마로서 모든 게 낯설고 서투른 내가 말이다.

내 생명 같은 장남 가인이 동생 아벨을 미워하다 못해 그를 죽인 것도 우리 부모가 못나고 잘 가르치지 못해서라는 자책으로부터 아직 난 자유하지 못하다. 그리고 선악과를 먹고 범죄하여 타락한 죄가 흘러간 것이라는 점도 결코 부정할 수 없는 노릇이다.

아마도 난 에덴 콤플렉스로부터 해방이랄까, 에덴의 상처를 딛고 일어나는 출발점을 가인의 출생에서 찾고 있었다. 출산이라는 고통을 참아내고 가인을 낳은 뒤 "내가 하나님의 도우심으로 아들을 얻었다"는 고백이 절로 나온 걸 보면 말이다. 이제 와 돌이켜보니 '나는 실패했어도 자식은 실패하게 할 수 없다'는 과잉 모성에서 비롯된 일이었다.

그러고 보니 또 있다. 하나님이 세상을 만들고 뭔가를 계획하셨듯이 나도 하나님으로 말미암아 무언가 이루고

할 수 있다는 교만 쪼가리가 꼭꼭 감춘 비밀처럼 내 안에
꼬투리를 내리고 있었던 모양이다.

하나님, 저 아담입니다

:: 나의 꿈은 그렇게

나는 하나님의 명령과 이 땅에 대한 이야기 대부분을 아담에게서 들어야 했다. 내가 첫 사람인 남자 아담을 '돕는 베필'로 지어진 것과, 에덴에 대해서도, 생육하고 번성하라는 하나님의 말씀도, 동산 중앙에 있는 선악을 알게 하는 나무의 실과를 먹지 말라는 명령 까지도. 심지어 내이름 '하와'도 후에 아담이 지어준 것이다.

남편이 아니면 내 이야기를 들어줄 사람이 없는 에덴. 아담이 에덴동산의 최고경영자(CEO) 겸 사역자로서 바쁘고 분주하던 그 시절에 난 혼자 생각하고, 상상하고, 혼자 말하다가 '이렇게 말없이 살아가다간 하던 말도 잊어버리겠구나' 싶어서 깜짝 놀라기도 했다.

바로 그런 순간의 내게 뱀이 찾아온 것이다. 그리고 내게 말을 걸어주었고. 게다가 어느 것 하나 주도적으로 할 수 없는 처지의 내게 "넌 할 수 있어! 이제부터 네 삶을 스스로, 네 마음대로 해 봐! 너를 찾아봐! 하나님과 같이 될 수 있어!"라며 나를 인정해 주고, 격려해 주고, 있는지조차 알지 못하던 내 존재를 깨달아 알게 해 주었다. 지나고 보니 모두 신기루 같은 허상이었지만 그때만큼 내 자신에 대해 진지하게 생각해 본 적이 또 있었을까 싶다.

하지만 허망하게도 우리가 알게 된 것은 뱀이 유혹할 때 했던 감언이설처럼 '우리의 눈이 밝아져 하나님과 같이 되어 선악을 알게 된 것'이 아니었다.

아, 난 그렇게 무너졌다. 하나님의 모든 꿈을, 남편 아담의 꿈을, 그리고 에덴동산이 품었던 비전을 아침 안개처럼 다 날려버렸다. 정신을 차리고 깨어보니 죄의 무거운 멍에만이 날 반겨주었다.

그래도, 지금 생각하면 더 최악의 상황 두 가지는 면하게 되었다. 하나는 선악과를 먹기 전에 아이를 낳았더라면 하는 것이다. 만약 그랬을 때 우리만 선악과를 먹고 아이들은 선악과를 먹지 않았다면 어떻게 됐을까? 또 하나는 선악과를 먹고 타락한 후에 생명나무 실과도 따먹고 죄를 가진 채 영생하게 되었더라면 하는 것이다. 생각만 해도 아찔하다.

뱀의 말대로 눈이 밝아지긴 했지만 덕분에 깨닫게 된

하나님, 저 아담입니다

것은 우리가 벗은 것을 알게 되어 무화과나무 잎을 엮어 치마를 만들어 입었다는 것이다. 게다가 심장이 마비되는 것 같았던 사건은 하나님이 찾아오셨음에도 불구하고 하나님의 낯을 피해 숨었다는 사실이다.

하나님이 당신의 형상으로 우리를 만드셨기에 우리는 그분의 명령만 따라야 했다. 죄인이 죄를 행하는 것이야 그렇다 치더라도 당시 아직 우린 죄가 무엇인지 모르던 타락 이전이었다. 그런데 하나님의 명령이 아닌 뱀의 말에 따라가다니, 정말 어찌해야할 지 괴롭고 미칠 지경이었다. 죄가 나를 지배하기 이전부터 난 하나님처럼 되고 싶다는 생각이 조금이라도 들었으니 뱀의 한 마디에 흔들렸던 게 아닐까? 그래, 난 하나님이 아닌 단지 피조물에 불과한 인생인데 이렇게 에덴에서부터 착각을 하고 있었나 모르겠다.

이상하게도 이전의 에덴과 달리 한 발 한 발 내딛고 사는 이 땅이 변해가고 있는 걸 느낀다. 똑같은 자연환경이지만 가끔 무서워 질 때가 있다. 내게 말을 걸어오는 것도 아닌데 문득 두려운 마음이 들기도 한다. 그러면서 동시에 에덴과 전혀 다른 이 세상에 우리를 두신, 타락한 세상에서 살아가는 우리를 보시는 하나님의 마음은 또 어떠할까. 참으로 모질고 씁쓸한 악몽이다.

내가 지금 바보 같은 얘기를 하고 있는 걸까. 하지만 이렇게라도 마음에 품고 있던 얘기들을 토해내니 오르락내리락하던 가슴의 불덩어리가 좀 내려가네. 그래서 그런가 이제 에덴을 추억할 만큼 조금씩 회복되면서 희망이라는 감정이 살며시 고개를 내민다.

하나님, 저 아담입니다

하늘과 땅이 창조될 때
그 모든 것의 시작은 이러했다.
하나님께서 땅과 하늘을 지으시던 때에,
땅에는 아직 풀과 나무가 돋아나지 않았다.
하나님께서 땅에 비를 내리지 않으셨고,
땅을 일굴 사람도 없었기 때문이다.
(땅속에서 솟아 나온 물이 온 땅을 적시고 있었다.)
하나님께서 땅의 흙으로 사람을 빚으시고,
그 코에 생명의 숨을 불어넣으셨다.
그러자 그 사람이 살아나, 생명체가 되었다!

(창세기 2.4-7)

나는 흙에서 왔다. 이 흙은 셋째 날 만드신 땅인데 "땅은 풀과 씨 맺는 채소와 각기 종류대로 씨 가진 열매 맺는 나무를 내라"(창세기 1.11)고 하나님께서 말씀하신 대로 자기 몫을 담당하고 있었다. 하지만 흙은 스스로 사람을 내게 할 순 없었다. 사람이 흙에서부터 왔지만 흙이 사람을 내지는 못하는 건 당연하다. 그래서 땅이 사람을 다스리는 게 아니라 사람이 땅을 다스리는 것이 하나님이 정하신 창조의 질서다(창세기 1.26).

　당연한 거지만 난 진흙덩어리였을 때를 기억 못한다. 혹시 흙이 스스로 뭉쳐지더니 사람의 모양이 되고, 그러더니 생물이 되어 벌떡 일어났다고 생각하는 사람은 없을 거다. 분명히 말하지만 나 아담은 스스로 사람이 되지 않았고, 흙이 나를 만들어낸 것은 더더욱 아니다. 나는 나를 만드신 조물주, 창조주가 계시다. 이제부터 내 얘기를 좀 더 잘 들어 주기 바란다.

　나는 신생아로 태어나지 않았기 때문에 부모님도 없다. 그러니 태어나 젖을 먹었거나, 걸음마를 배우고, 돌잔치를 하며, 사춘기를 겪는 등의 유년기와 청소년기를 지나 점차 성인으로 자란 것이 아니다. 하나님은 나와 내 아내 하와를 성인으로 만드셨기에 우리는 처음부터 성인으로서 온전한 사람이었다.

　생각보다 많은 사람들이 내 출생에 대해 이런저런 추측을 많이 하는 것 같다. 하지만 원리는 간단하다. 내가 성인으로 만들어졌다고 해서, 흙으로 지어 사람이 되었을 때 내 나이가 그날부로 서른 살 성인이 된 게 아니다. 나의 생물학적인 나이가 중요한 게 아니라 하나님이 만드셔서 사람이 된 그 시작이 중요하다. 때문에 그날, 내가 코로 호흡을 시작하고, 하나님 앞에서 눈을 뜨고 일어나 나를 지으신 그분을 경배하던 바로 그날이 내 인생의 첫 날이고 시작이었다. 당연히 내가 태어난 날이니까 그 때가 한 살이었다. 서른 살 같은 한 살짜리 말이다.

한 가지만 더 얘기하려 한다. 사람들은 내게 배꼽이 있나 없나를 두고 아직까지도 설왕설래 중인가 본데 나는 탯줄을 잘라낸 흔적으로서의 그런 배꼽은 없다. 하지만 배꼽을 가지고 태어날 후손들의 조상이라는 점에서 볼 때 내게도 가인과 아벨처럼 분명 똑같은 배꼽이 있다고 보면 된다.

그럼에도 불구하고 정말 중요한 것은 나를 하나님의 형상을 따라, 하나님의 모양대로, 하나님이 만드셨다는 점이다. 하나님은 6일 동안 세상을 창조하신 뒤 "바다의 물고기와 하늘의 새와 가축과 온 땅과 땅에 기는 모든 것을 다스리게 하자"고 말씀 하시며 남자와 여자를 만드셨다.

여기 모세의 증언을 들어보자.

"여호와 하나님이 땅의 흙으로
사람을 지으시고
생기를 그 코에 불어넣으시니
사람이 생령이 되니라.
여호와 하나님이 동방의 에덴에
동산을 창설하시고
그 지으신 사람을 거기 두시니라." (창세기 2.7-8)

하나님이 우리에게 복을 주셨다. 이 복은 하나님이 내게 준 첫 말씀인데 이 축복의 말씀은 지금도 내 영혼 가장 깊은 곳에 새겨있다.

"생육하고 번성하여 땅에 충만하라,
땅을 정복하라,
바다의 물고기와 하늘의 새와 땅에
움직이는 모든 생물을 다스리라." (창세기 1.28)

생각해 보면, 이 복은 에덴을 너머 온 우주를 포괄하는 원대하고도 위대한 하나님의 계획이었다. "하나님이 보시기에 좋았더라!"했던 모세의 증언처럼 이 자랑스럽고 근사하며 놀라운 세상을 사람 곧, 남자와 여자에게 맡기신 것이다. 이는 에덴을 심방하시는 하나님에게서 한결같이 관찰되어진 모습이었다. 그분은 세상과 동방의 에덴에 창설하신 동산을 우리가 보는 앞에서 언제나 행복해 하셨다. 어쩔 때는 우리가 이것을 겉으로 표현해 주기를 은근히 기대하시는 걸 금세 느낄 정도였으니까.

우리 부부는 이것을 창조주의 당당함과 조물주의 권위라고 표현했다. 가끔 내가 짓궂게 그 모습을 흉내 내다가 아내에게 혼난 적도 있었다. 만물을 바라보시는 그분의 얼굴과 눈빛에서 우리는 세상을 향한 놀라운 계획에 대해 마치 우리 눈으로도 생생하게 보는 것 같았다.

정말이지, 이렇게 귀하고 놀라운 일을 우리에게 맡기셨다니! 그날 그분은 우리 두 눈을 똑바로 바라보시면서 다른 그 어떤 피조물이 아닌 오직 우리에게 복을 주시며 우리에게 이르셨다. 그렇게 하나님의 꿈이 우리에게로 들어

왔다. 우린 그렇게 하나님의 희망이 되었다.

비로소 하나님이 왜 천지를 창조하셨는지, 그리고 왜 이 모든 것을 당신의 형상과 모양대로 만드신 우리에게 맡기셨는지 알게 되었다. 그분은 여기까지 우리를 대우해 주신 것이었다. 그렇게 하나님의 꿈은 우리 것이 되었고, 하나님의 희망은 우리 안에 차곡차곡 쌓이게 되었다.

에덴은 그런 영광스러운 곳이자 하나님의 소망이었다. 우리가 하나님의 형상대로, 하나님의 모양대로 지음 받았기에 하나님을 느끼고, 알고, 그래서 그분과 교제하고, 또한 동행하는 것은 그저 특별할 것 없는 평범한 일상이었다.

그분이 나를 지으실 때 사용한 바로 그 흙을 언제나 밟고 다녔다. 나는 흙으로 지어졌으나 흙은 흙이고 또 나는 전혀 다른 생명이라는 사실이 놀랍다. 하나님이기에 가능한 일이다. 이렇듯 지금 여기까지 내가 만들어 온 것은 아무 것도 없다. 난 단지 이 모든 것을 하나님께로부터 위임 받은 청지기에 불과하다. 내가 할 일은 하나님이 명하시고, 계획하신 놀라운 일을 이루어 드리는 것뿐이었다. 모든 것을 다 내게 맡기셨지만 하나님 안에 있을 때 가장 온

하나님, 저 아담입니다

전하고 복된 이유가 바로 이것이다.

에덴은 우리에게도 꿈이요 희망이었다. 그리고 우리는 이 땅의 주인이 아닌 오직 조연이었고, 주인이요 주연이신 하나님의 영광과 그분의 즐거움을 위해 존재하고 있었다.

온 우주 만물이 다 그분을 경배하고, 하나님의 형상과 모양을 갖지 않은 피조물들마저 지극히 높으신 하나님을 향해 무릎을 꿇던 그 시절, 이런 흐름은 너무나도 자연스러운 일상이었다. 그야말로 완전한 신세계였다.

그리고 흙은 사람만이 아니라 산천초목과 가축과 기는 것과 땅의 짐승을, 온 지면의 씨 맺는 모든 채소와 씨 가진 모든 열매 맺는 모든 나무를 창조의 질서대로 움직이게 하는 '에너지'였다(창세기 1.24,29). 이처럼 땅은 하나님의 계획하심을 정직하게 받들고 있었다.

그런데 내가 하나님의 섭리와 명령을 거스르고 처음의 자리를 벗어나자 그때부터 땅이 심상찮은 반응을 보이기 시작했다. 자, 땅이 받은 하나님의 선고는 이러했다.

"땅은 너로 말미암아 저주를 받고 …

땅이 네게 가시덤불과 엉겅퀴를 낼 것이라 …
네가 흙으로 돌아갈 때까지
얼굴에 땀을 흘려야 먹을 것을 먹으리니
네가 그것에서 취함을 입었음이라
너는 흙이니 흙으로 돌아갈 것이니라."

(창세기 3.17b-19)

나는 내가 왔던 흙으로 다시 돌아가기까지 땀을 흘려야만 생존이 가능한 처지가 되어버렸다. 그리고 하나님을 배반하여 죄를 지은 것은 뱀의 유혹에 넘어간 우리들인데 우리 때문에 땅까지 저주를 받게 되었다. 이 일이 두고두고 마음에 걸렸다. 하지만 지음 받은 자가 지은 자를 배반하고 거역한 결과이니 어찌하랴.

"생육하고 번성하여 땅에 충만하라,
땅을 정복하라,
바다의 물고기와 하늘의 새와
땅에 움직이는 모든 생물을 다스리라" (창세기 1.28)

이처럼 천지와 그 가운데 살면서 복을 받았던 온 인류는 "땅이 너로 말미암아 저주를 받고"(창세기 3.17b)라는 하나님의 심판으로 인해 다시 요동치기 시작했다. 이 모든 것이 우리 첫 사람들 때문이다. 흙으로 지음 받았고 땅을 정복해 땅에 가득하게 번성해야 할 내가 순간의 그른 선택으로 모든 것을 일그러뜨리고 말았다. 땅과 후손 모두에게는 부끄럽게 되어버렸고, 우리는 언젠가 저주 받은 흙으로 돌아가야 하는 운명이 되었다. 그렇게 나는 여러모로 혼돈스러운 시간을 보내고 있었다.

07 | 타락애가전서

(墮落哀歌前書)

저녁 산들바람 속에 하나님께서 동산을 거니시는 소리가 들리자,
남자와 그의 아내는 하나님을 피해 동산 나무 사이에 숨었다.
하나님께서 남자를 부르며 물으셨다.
"네가 어디 있느냐?"
남자가 대답했다.
"제가 동산에서 하나님의 소리를 듣고,
벌거벗은 것이 두려워 숨었습니다."
하나님께서 물으셨다.
"네가 벌거벗었다고 누가 일러 주었느냐?
내가 네게 먹지 말라고 한 나무의 열매를 네가 먹었느냐?"
남자가 대답했다.
"하나님께서 제게 짝으로 주신 여자가 그 나무의 열매를 주기에,
제가 먹었습니다."
하나님께서 여자에게 물으셨다.
"네가 어찌하여 이런 일을 저질렀느냐?"
(창세기 3.8-12)*

---

* 유진 피터슨(Eugene H. Peterson)의 [메시지 구약|모세오경](The Message: The Old Testament Books of Moses)에서 창세기 3장 8-13절 말씀을 중심으로 하나님과 아담/하와 사이의 대화를 정리했다. 특이한 것은 사람이 타락한 이후에도 하나님과의 대화가 연속적으로 이어지고 있음이다. 하나님이 타락한 인간을 찾아오신다는 점이 압권이다. 타락한 아담은 하나님께 갈 수 없지만 하나님은 당신의 말씀(뜻)을 거역하고 불순종한 죄인을 찾아오신다. 둘 사이, 혹은 셋 사이의 대화를 중심으로 타락이야기를 묵상에 담아본다.

하나님, 저 아담입니다

우리는 하나님을 떠났다. "이 사람이 우리 가운데 하나처럼 선에서 악까지 모든 것을 알게"(창세기 3.22a) 됨으로써 결국 하나님과 같이 되고 싶어서, 하나님이 명령하신 말씀을 떠났던 것이다. 참으로 망령된 행위였다. 하나님의 법을 떠나면 하나님과 영영 멀어지는 것이 뻔한데 어떻게 하나님의 말씀을 떠나서 하나님처럼 되려 했단 말인가!

뱀, 곧 사탄은 금단의 열매를 먹어도 "너희는 결코 죽지 않아. 하나님은 너희가 그 나무의 열매를 먹는 순간 하나님처럼 되어서, 선에서 악까지 모든 실상을 보게 될 것을 알고 계신거야."(창세기 3.4-5)라고 유혹했다. 그렇게 하나님을 떠나면서까지 금지명령을 넘어버렸지만 실상 뱀의 말은 거짓이었다. 문제는 이미 하나님의 명령을 떠나 불순종하여 죄인이 되어버린 이후에, 이젠 다시 죄 이전의 모습으로 돌아갈 수 없다는 진실을 알게 되었다는 점이다.

우린 이렇게 하나님을 떠나 버렸다. 그런데, 그런데 말이다, 우리는 하나님의 말씀을 거역하고 하나님을 떠났는데 하나님은 앞서 "그 나무의 열매를 먹는 순간, 너는 죽을 것이다."(창세기 2.17b)라고 말씀하셨음에도 불구하고 이미 죽은 자와 마찬가지인 우리를 다시 찾아오셨다는 점이다. 하나님께서 "보시니 좋았더라"하시며 창조한 세상과 에덴에 담긴 하나님의 모든 꿈을 우리가 송두리째 망쳐버렸음에도 불구하고 그런 죄인을 결코 버리지 않으신 것이다.

저녁 바람 속에 동산을 거니는 하나님의 소리가 들리자, 나와 아내는 하나님을 피해 동산 나무 사이에 숨었다. 하나님이 에덴을 심방하시는 것은 전과 다름없는 일상이었지만 그분을 대하는 우리의 태도와 마음은 전과 180도 달라졌다. 마음으로는 벌써 한 달음으로 달려갔으나 몸은 하나님을 피해 나무 뒤로 도망가고 있었다. 이건 꿈과 상상이 아니라 눈앞의 현실이었다. 우린 죄를 지었을 뿐만 아니라 그에 따른 죄를 행하고 있었던 것이다.

하나님이 날 부르며 물으셨다. "네가 어디 있느냐?" 그분의 음성은 예전과 다르지 않았지만 나는 알고 있었다. 그 부름 속에 들어있는 하나님의 마음을. 아니, 더 정확히 말하면 내가 달라진 거였다. 이제까지는 하나님의 소리가 동산 능선을 타고 희미하게 들려와도 누구보다 먼저 반갑게 맞으러 나갔다. 하지만 지금은 아니다. 불러도 마지못해 대답하는, 마치 공부하기 싫어 억지로 목덜미를 잡혀 공부방으로 들어가는 아들처럼 가까스로 대답했다.

언젠가, 이젠 까마득히 느껴지는 그 옛날, 장남 가인이 아벨을 죽이고 난 뒤 하나님이 가인을 찾아오셨을 때에도 그랬을 거란 생각이 든다. 그런데 그 모습이 정작 나 자신의 언행이 되리라고는 상상조차 하지 못했다. 나는 죄에 막혀 하나님께 나아가지 못했지만 하나님은 죄를 넘어 나에게로 오셨다.

그럼에도 나는 콩콩 뛰는 가슴을 토닥거리며 가까스로 대답했다. "제가 동산에서 하나님의 소리를 듣고, 벌거벗은 것이 두려워 숨었습니다." 뜻밖의 말이 튀어나왔다. 마음으론 아무렇지 않다는 듯, 하나님의 오심을 모를 만큼 다른 일에 몰두하고 있던 것처럼 너스레를 떨고 싶었다. 그렇게 마음먹고 무거운 발걸음을 옮겼다. 그런데 그만 그분 앞에 서자 진실을 말하지 않고는 견딜 수 없는 어떤 뜨거운 무엇인가가 몸 안에서 흘러넘쳤다.

이상했다. 이미 선악을 알게 하는 나무의 실과를 먹을

때, 아직 죄 안에 있지 않았을 때도 나는 진실을 말하지 않은 적도 있었다. 그런데 정작 죄인이 되었고, 이미 하나님을 떠났고, 하나님의 언약을 헌신짝처럼 버렸는데 그래 놓고도 그분 앞에서 진심으로 나아가고 있다니. 순간 나 자신은 그래도 진실을 말할 줄 아는 당신의 사람이라고 말하고 싶었던 것 같다.

하지만 어찌 하나님을 속이고, 하나님 앞에서 깨끗한 척, 아무 일도 없던 것처럼 두 얼굴을 할 수 있으랴. 난 나만 달려졌다고 생각했다. 그런데 분명 하나님의 음성에도 어딘가 떨림이 느껴졌다. 그래, 우리는 그런 사이였구나. 혹 뻔뻔스럽다고 욕을 해도 어쩔 수 없지만, 그래도 하나님과 나는 '우리'였다. 바라만 보아도, 눈빛만 보아도, 말소리만 들어도 오늘 그의 마음이 어떤지, 그분의 기분이 좋은지 아닌지, 그럴 때 어떤 말을 이어야할지를 누가 알려주지 않아도 리듬을 맞출 수 있는 그런 사이였다. 그래, '우리'는 그런 사이였다. 타락하기 전 에덴에서는.

그런데 그날은 왠지 하나님 앞에 서기가 거북스럽고 가면을 쓰고 있다는 느낌을 속일 수 없었다. 하나님도 뭔가 모르게 조금은 휘청거리고 있음을 알았으나 유감스럽게도 이를 넉넉함으로 되돌릴 수 있는 능력이 내겐 없었다. 난 그렇게 조금씩 무너지고 있었다. 아무리 표 나지 않게 선악을 알게 하는 나무의 실과를 먹기 이전의 상태로 되돌려 그분에게 대답하고 싶었어도 그럴 순 없었다. 순간, 이미 나를 끌고 가는 주도권을 잃어버렸다는 생각이 들었다. 나는 똑같은 나인데 나를 어찌할 수 없는 망가진 내가 되어버렸던 것이다. 짧지만 그런 생각이 주마등처럼 스치던 순간, 하나님께서 다시 물으셨다.

"네가 벌거벗었다고 누가 일러 주었느냐? 내가 네게 먹지 말라고 한 나무의 열매를 네가 먹었느냐?" 그분은 내가 아니라는 답을 하길 원하시는 듯했다. 어쩌면 그때가 아니고 지금이 거짓말을 해야 하는 때라고 말씀하고 싶은 표정을 하고 계시는 것처럼 생각되었다. 하지만 난 이번만큼은 진심을 말해야 할 것 같았다.

"하나님께서 제게 짝으로 주신 여자가 그 나무의 열매를 주기에, 제가 먹었습니다." 나쁘지도 틀리지도 않은 바르고 옳은 대답을 했다. 하지만 내 마음은 뭔가 심오한 어둠, 더 깊숙한 암흑으로 추락하고 있었다.

진짜 바르게 언행하며 살아야 할 때는 거짓을 말해 놓고, 이제와 바른 말을 한다고 해서 다시 정직한 사람이 되는 건 아니었다. 하나님이 내게서 하와에게로 시선을 돌리지 않았으면 난 아마 무릎을 꿇은 채 넋이 나가고 말았을 것이다.

그때껏 한 번도 맛보지 못한 태초의 침묵과도 같은 단절이었다. 이 짧은 순간에 모든 게 다 변해버릴 수 있다니... 금단의 열매를 먹었던 그 짧은 시간 역시 그 전과 후를 이처럼 아득하게 만들어 버린 바로 그 짧은 순간이었다. 그 짧은 초침에다 하나님 같이 되려는 욕망을 담아보려 했다니. 하지만 내가 하나님 앞에 서서 그분을 속여 보려는 그 순간에도 그분은 나에 대한 분노와 아픔을 내색하지 않으려 내게서 시선을 돌린 것이다. 오, 하나님!

잠시 아빠의 매를 피한 자식처럼 한 숨을 돌릴 수도 있는 그런 시간이었지만 난 그래선 안 된다는 양심의 소리 앞에 다시 한 번 뜨거운 침을 한 모금 삼켰다. 그냥 쓰러져 버리면, 그래서 그대로 다시 일어날 수 없다면, 그게 오히려 다행이겠다는 생각도 했다. 그러나 지금 하나님의

 하나님, 저 아담입니다

시선은 내 사랑하는 아내, 자신은 물론 남편까지 이 지경으로 만들어 버린 가엾은 하와를 향해있다는 생각이 들자 정신이 번쩍 났다.

하나님이 하와에게 물으셨다. "네가 어찌하여 이런 일을 저질렀느냐?" 그랬다. 분명 하와는 저질러 버렸다. 하나님은 점점 더 냉정해지고 계셨다. 내가 평정심을 찾아가다 보니 어쩜 하나님은 처음부터 흔들림이 없지 않았을까 싶기도 하다.

마침내 올 것이 오고 말았다. 마치 수술용 매스처럼 날카로운 하나님의 말씀의 화살은 정확하게 하와의 언행을 둘러싼 그녀의 양심과 영혼의 과녁을 향해 일점일획의 오차도 없이 날아가고 있었다. 결코 피할 수 없는 절대 권위와 능력이 말씀에 담겨 있었다.

분명 하와는 긴장하고 있었다. 나처럼 변명의 틈새를 만들 여력이 없었다. 그녀는 이미 나와 하나님과의 대면을 옆에서 다 지켜보고 있지 않았는가. 그러니 거기에 무슨 변명이나 알랑거릴 여지가 있겠는가. 하와가 떨리는 목소리로 대답했다. "뱀이 꾀어서, 제가 먹었습니다." 하와의 말처럼 뱀이 하나님의 말씀과 우리 부부 사이에 들어온 건 맞다. 뱀이 꾀어서 하나님이 금하신 선악을 알게 하는 나무의 실과를 먹은 건 사실이지만 그걸 먹은 건 뱀이 아니라 하와와 나, 우리 자신들이었다. 그러나 하나님 앞에 떨고 있는 하와는 지금도 여전히 뱀 뒤에 숨을 수 있다고 생각하고 있는 것 같다. 오, 가여운 하와!

우린 분명 하나님과 같이 되려는 욕망의 전차를 탔었다. 무죄한 인간의 자리도 부족해서, 하나님이 주신 것을 거부하고, 뱀이 유혹한 것을 하나님의 자리에 올려놓으려 했다. 심지어 그렇게 될 줄 알았다. 사람이 아니라 신이 될 줄 알았다. 무죄의 자유를 건너 그 너머에 있는 창조의 섭리까지 마음먹은 대로 넘나들 수 있다고 생각했었다. 인간이 하나님이 되려고 했다니 가당찮은 일 아닌가. 결국 우리 부부는 한낱 피조물인 인간이 하나님이 될 수 있을 줄로 알았던 것이다.

정신을 차리고 나니 곧바로 이게 꿈이라면, 진정 꿈이었으면 했다. 뜨거운 눈물이 볼을 타고 흐르더니 무화과 나무 잎으로 만든 바싹 타들어가는 치마 잎에 떨어졌다. 마치 내 죄를 선고하는 소리처럼 묵직하게 떨어지는 눈물

하나님, 저 아담입니다

방울을 보며 이것은 피할 수 없는 현실인 걸 깨달았다.

하나님과의 대면은 이것으로 끝났다. 최소한 뱀으로 하나님의 시선이 옮겨갈 때까지만 해도 우리는 이것으로 인생 끝난 줄 알았다. 하지만 잠시 후, 인생 1막이 끝나고 우리 이야기 뒤에 하나님의 이야기, 즉 히스토리(HIS Story)가 시작되고 있었다. 마침내 어떤 식으로든 그 값을 받을 때가 된 것이다.

08 | 타락애가후서

(墮落哀歌後書)

하나님께서 말씀하셨다.
"이 사람이 우리 가운데 하나처럼
선에서 악까지 모든 것을 알게 되었다.
이제 그가 손을 뻗어 생명나무 열매도 따서 먹고
영원히 살면 어찌하겠는가?
그런 일이 결코 일어나서는 안된다!"
그래서 하나님은 그들을 에덴동산에서 내쫓으시고,
그들이 흙으로 지어졌으므로 흙을 일구게 하셨다.
하나님께서 그들을 쫓아내신 다음,
동산 동쪽에 그룹 천사들과 회전하는 불칼을 두셔서,
생명나무에 이르는 길을 지키게 하셨다.

(창세기 3.22-24)

죄는 후회만을 남긴다. 뱀에게 그만 한판으로 완패하더니, 나 자신에게 무너지고, 돕는 배필로 준 하와 하나 지켜주지 못한 무능한 남편으로 추락하고, 결국 에덴동산주식회사를 부도냈다. 나와 하와는 물론이고 급기야 온 자연까지 죄 아래 신음하게 만들어 버렸다. 하나님이 해주

하나님, 저 아담입니다

시는 온갖 좋은 것들을 족한 줄 알고 기다려야만 했다. 그런데 뱀이 주는 걸 기대하고 바랬으니, 한심하게도 이게 무죄했던 시절의 꼬락서니였단 말인가.

인생에는 후진기어가 없다. 내겐 지나버린 시간들을 다시 돌릴 능력도 없고, 죄로 채워진 얼룩을 지울 수 있는 기회조차 없다. 흘러간 물은 물레방아로 되돌릴 수 없듯이 이미 나와 에덴을 지나 에덴 밖으로 흘러가기 시작한 죄의 강물을 어찌 죄인인 내가 막을 수 있으랴.

내 마음이 딱 사형수의 심정이다. 이젠 그분의 처분만을 기다릴 뿐이니까. 차라리 잘 되었다. 뱀에게 보란 듯이 농락당한 것 하나로 그 원수 놈과의 치욕스런 거래는 끝이 났다. 이제 남은 것이라고는 나를 지으시고, 나를 에덴의 최고경영자(CEO)로 세워주시고, 아내와 가정과 결혼과 사명과 꿈과 비전을 주신 분으로부터 이미 깨져버린 옹기그릇 같은 내 인생에 대한 최후의 대답을 듣는 것뿐이다.

뭐든 달게 받을 생각이다. 아니, 받아야만 한다. 여기까지가 그분에게 불순종한 초라한 인생이라면, 이제부터는 곧 발표될 에덴선언서를 준행하며 사는 것이 내가 드릴 마지막 도리다. 어찌 보면 차라리 홀가분하다. 더 잃을 게 없으니까 말이다. 하지만, 정말 '죄 없이 시작한 지난 에 덴생활도 이렇게 일그러지고 말았는데, 죄인으로 살아갈 지금부터는 오죽할까'라고 생각하니 억장이 무너진다. 난 이렇게 한 순간을 위해 영원을 도적질한 죄인 아담이다.

:: 에덴선언서[*]

1. 하나님이 뱀에게 말씀하셨다.

 "네가 이런 일을 저질렀으니,

 너는 모든 집짐승과 들짐승보다

 더 저주를 받아

 평생토록 배로 기어 다니면서

 흙을 먹어야 할 것이다.

 내가 너와 여자 사이에

 네 후손과 여자의 후손 사이에

 전쟁을 일으킬 것이다.

[*] 피터슨(E. H. Peterson)의 [메시지 구약|모세오경](The Message: The Old Testament Books of Moses), 창세기 3장 14-24절 말씀을 중심으로 하나님과 아담/하와/뱀 사이의 대화를 정리했다. 특이한 것은 사람이 타락한 이후에도 하나님과의 대화가 연속적으로 이어지고 있음이다. 둘 사이, 혹은 셋 사이의 대화를 중심으로 타락한 인류에 대한 하나님의 심판선언에서부터 出에덴까지의 이야기를 묵상에 담아본다.

하나님, 저 아담입니다

여자의 후손은 네 머리를 상하게 하고
너는 그의 발뒤꿈치를 상하게 할 것이다."

2. 하나님이 여자 하와에게는 이렇게 말씀하셨다.
"내가 네게 해산의 고통을 크게 더하겠다.
너는 고통 속에서 아이를 낳을 것이다.
너는 네 남편을 기쁘게 해주려고 하겠지만
그는 너를 지배하려 들 것이다."

3. 하나님이 남자 아담에게는 이렇게 말씀하셨다.
"네가 네 아내의 말을 듣고
내가 네게 먹지 말라고 한
나무의 열매를 먹었으니,
땅이 너로 인하여 저주를 받을 것이다.
아이 낳는 것이 네 아내에게
고통스러운 일이듯이
네가 땅에서 양식을 얻는 것도
고통스러운 일이 될 것이다.
너는 평생토록 수고하며 일해야 할 것이다.

땅은 가시와 엉겅퀴를 내고

너는 죽어서 흙으로 돌아가는 그날까지

새벽부터 저녁까지 땀 흘리며

들에서 씨를 뿌리고 밭을 갈고 수확해야만

양식을 얻을 수 있을 것이다.

너는 흙에서 시작되었으니 흙으로 끝날 것이다.”

“하나님이 보시기에 좋았더라”는 창조의 땅에서, 내가 흙에서 사람이 되어 하나님이 “보시기에 심히 좋았더라”는 그곳에서, 내 돕는 배필 하와가 숨을 쉬며 내게 걸어오던 그 자리에서, 하나님의 주례에 온 동물들이 하객이 되었던 그 멋진 결혼식장에서, 죄와 사망과 죽음이 없던 샬롬의 땅에서, 마침내 뱀과 하와와 나를 향한 하나님의 에덴선언서가 선포되었다. 이 선언은 영원할 것이며, 이 말씀을 선포하신 분이 반드시 이루어 가실 것이다.

마침내 하나님 같이 되려는 욕망의 전차는 멈춰 섰다. 하나님이 이렇게나마 개입하지 않으셨다면 우리는 우주에 가루가 되어 흩어지고 말았을 것이다. 하나님은 에덴을 향한 당신의 모든 꿈이 산산이 부서졌음에도 불구하고 우리를 예정대로 사망으로 끝을 내지는 않으셨다. 이 에 덴선언서는 놀랍게도 끝이 아닌 또 하나의 시작을 알리고 있었기 때문이다. 놀랍지 않은가. 어떻게 사망과 죽음의 저주에서 '여자의 후손'이라는 생명을 예고하실 수 있단 말인가.

내가 흘리는 땀의 수고가 해산의 고통이라는 대가를 지불하면서 자식을 낳은 하와는 물론, 우리 가족을 먹여 살릴 수 있다면 그건 분명 축복의 또 다른 이름이다. 난 하나님의 가슴에 죄의 못을 박았지만 하나님은 죄로 물든 내 심장에 새로운 꿈과 희망의 씨앗을 심으셨다. 이제 갈 길이 멀다. 결코 녹녹치 않으리라. 죄의 값이 그리 간단하고 쉬운 것이었다면 태초에 에덴에서 나와 맺은 아담언약을 아마 난 기억조차 못했을 거다. 그리고 적반하장으로 나를 꾸짖는 하나님께 오히려 삿대질하며 대들었을 거다. 그럼 아마 난 두 번 죽었겠지.

:: 가죽옷

다시 잊을 수 없는 내 평생 가슴에 고이 간직하고 있는 사랑과 만나는 한 사건이 바로 이어서 후집회처럼 시작되었다.

하나님께서 나와 아내 하와에게 가죽옷을 만들어 입히셨다. 이를 행하시는 그분의 뒷모습은 어쩌면 다시는 돌아오지 않을 먼 길을 떠나보내는 아버지와도 같았다. 조금 전 에덴동산을 거닐던 그 발걸음부터 마지막 나에게 준엄한 심판을 선언하기까지 짧지 않은 시간이 흘렀다. 그분은 가죽옷을 지으시는 것으로 긴 이별을 앞두고 얼마 남지 않은 시간을 조금이나마 연장하고 싶은 것처럼 보였다. 내가 아는 한 그분은 아마 그러셨을 것이다. 어린 양 하나를 잡아 말없이 내게 입힐 옷을 만드셨다. 그리고 다시 또 한 마리를 가슴에 안아 머리를 쓰다듬으시더니 붙잡아서는 아내에게 줄 새 옷을 만드셨다.

피가 흐르는 게 아니라 그건 분명 하나님의 눈물이었다. 난 그때 어렴풋이 알았다. 죄인인 나, 나의 부끄러움과 허물을 가려주기 위해 한 마리 어린 양이 죽어야 했고, 하와를 위해서도 그리했기에, 어쩜 앞으로 나와 아내 사이에 해산의 고통을 통해 태어나는 자식들의 죄를 위해서도 오늘처럼 어린 양이 하나 둘 희생되어야 한다는 것을.

'그렇다면 이 어린 양은 하나님 자신이구나!' 불현듯 그런 생각이 들었다. 죄의 값을 치르고 죽어야 할 자는 정작 나인데 양이 나를 대신하여 죽어야 했다면 말이다. 하나님은 지금 우리가 보는 앞에서, 오늘처럼 만일 우리가 또다시 이렇게 당신의 언약을 어기는 날이 반복된다면 언젠가 자신이 이 양처럼 죽으셔야 한다는 것을 미리 보여주는 것인지도 모른다는 생각까지.

양의 몸에서 올라오는 증기와 햇빛이 부딪혀서 만들어지는 게 눈물방울처럼 느껴졌을 수도 있다. 하나님의 눈물이라고 하기보다는 차라리 그리 생각해 버리는 게 덜 가슴 시릴 것 같았다. 난 가죽옷을 지어가시는 모습에서 가느다랗게 어깨가 들썩이는 것 역시 옷을 만드는 동작에서 온 것이라고 생각하고 싶었다. 하지만 분명 하나님은 울고 계셨다. 훗날 난 이것이 하나님과의 이별식임을 알게 되었다. 오, 하나님!

하나님은 그렇게 내게 가죽옷을 지어 주시고 조용히 우리 곁을 떠나셨다. 아, 아니 그날 에덴에서 하나님의 명령을 어기고서 하나님을 떠난 건 우리 자신들이다. 그런데 하나님은 그런 못난 죄인에게 또 다시 찾아오셨다. 그리고 가죽옷을 지어 입히시면서 하나님과 에덴을 떠나는 우리를 배웅해 주시려 하셨다. 아, 탕자와 같은 나와 하와가 이런 하나님의 사랑을 이렇게까지 받아도 되는 것일까.

:: 생명나무

　마침내 하나님의 에덴 심방이 마칠 때가 되었다. 하나님이 누군가에게 말씀하셨다.

> "이 사람이 우리 가운데 하나처럼
> 선에서 악까지 모든 것을 알게 되었다.
> 이제 그가 손을 뻗어 생명나무 열매도
> 따서 먹고 영원히 살면 어찌하겠는가?
> 그런 일이 결코 일어나서는 안 된다!" (창세기 4.22)

　다시 말하지만, 분명 이건 독백이 아니었다. 그렇다고 우리에게 하신 말씀도 아니었다. 분명 내 귀에 '우리'라 하셨다. 마침내 난 알았다. 이젠 에덴을 떠날 때가 된 것을. 하나님이 독백이 아닌 분명한 소리로 말씀하셨다면 분명 거기엔 깊은 의미가 들어있을 것이다. 유감스럽게도 난 그 말의 의미를 잘 알지 못한다. 어쩜 그런 상태로 내 끝이 올지도 모른다. 그래도 별 수 없다. 하지만 하나님이 염려하시듯 죄인이 되었는데, 그 죄인의 상태로 생명나무 열매를 먹고 살면 그게 뭔가? 죄인으로 영생하는 것 아닌가. 그렇다. 하나님은 지금 나와 하와, 그리고 오고 오는 수많은 후손들이 죄인으로 영원히 사는 것을 원치 않으셨다.

그래서 하나님은 우리를 에덴동산에서 내쫓으시고, 우리들로 하여금 흙을 일구게 하셨다. 하나님께서 우리들을 쫓아내신 다음, 동산 동쪽에 그룹 천사들과 회전하는 불칼을 두셔서, 생명나무에 이르는 길을 지키게 하셨다.

하나님, 저 아담입니다

:: 出 에덴

이젠 에덴으로 다시 돌아갈 순 없다. 물론 살아 있는 날 동안 에덴동산을 거니는 하나님을 뵈올 수도 없다. 다시 죄와 상관이 없던 그 시절로 되돌아갈 수 있는 길이나 방법은 없다. 우리는 하나님을 떠났고, 마침내 에덴을 떠났기 때문이다. 그럼에도 불구하고 죄인으로 에덴에 들어가겠다는 건 곧 죽음을 의미한다.

그렇다면 에덴 밖에는 하나님이 계시지 않는단 말인가? 하나님 없이 우리끼리 에덴선언서가 이루어지는 것을 목도하며 살아가야 하는 것일까? 하지만 여기에 비밀이 있다. 하나님이 에덴선언서를 통해 우리에게 명하신 것이 성취되고 시행되어야 할 곳은 분명 에덴 밖이었다. 중요한 것은, 그러니까 여전히 에덴 밖에서도 하나님의 명령이 시행된다는 점이다. 그렇다면 에덴 밖에도 하나님의 통치와 다스림, 그분의 명령과 말씀이 이루어지나 혹은 그렇지 않은가를 하나님이 보고 계신다는 말 아닌가.

"내가 너와 여자 사이에

그렇다, 하나님은 에덴 밖에서도 에덴언약과는 다르지만 여전히 당신의 말씀이 우리와 만물 안에서 시행되고, 진행되고, 유지되고, 집행되는 것을 기대하셨다. 그걸 감당할 우리 몫이 얼마나 눈물 나고 힘든 여정인지 알려 주시려는 말씀의 행간에서 나는 이 하나님의 마음을 읽어내었다. 그렇다면 하나님은 변함없이 에덴 밖에서도 우리를 다스리시며, 이끄시며, 함께 하시며, 도우시며, 붙들어 주시며, 동행해 주실 것이다.

비로소 에덴 밖에서도, 에덴 안에서 뱀이 우리를 유혹하여 타락하게 만들기 이전의 온전한 모습을 다시금 꿈꾸고, 바라보고 소망하며 살 수 있게 되었다니 이것보다 더 놀라운 은혜가 또 있을까. 비록 죄로 타락했으나 하나님을 향한 조그만 묵상이 하나님을 향해 숨 쉴 수 있다는 것은 갚을 길 없는 하나님의 은혜였다. 이렇게 우리는 에덴 밖에서도 에덴에서 맛본 하나님을 생각하며, 그분이 들려

주신 말씀을 되새김질하며 살아갔다.

하지만 죄는 이런 기대와 소망을 철저하게 망가뜨리려고 할 것이 분명하다. 에덴에서 뱀이 그러했던 것처럼 이젠 우리 안에 또아리를 틀고 들러붙어 있는 죄가 그렇게 우리와 하나님 사이를 갈라놓고 더 철저하게 망가지도록 쉼 없이 활동할 것이다. 이미 우리는 이것을 가슴 깊이 느끼고 있지 않은가.

이제 우리가 아닌 우리의 후손 가운데 누군가는 뱀(아담 연보 각주 7을 참조할 것)의 머리를 상하게 할 거룩한 전쟁을 준비해야 한다. 우리는 어쩜 그 후손을 볼 수도 있고 아닐 수도 있다. 그건 우리의 몫이 아니다. 중요한 것은 그 후손을 우리에게서 주실 것을 약속해 주셨다는 점이다. 죄를 지어 죄인이 되었고, 그 죄를 따라 죄인들이 태어나겠지만 그 속에서 사탄과의 영적(靈的) 전쟁을 치를 후손이 나올 것이라는 하나님의 예고는 우리 가슴을 뛰게 하기에 충분하다.

에덴 밖은 이런 의미에서 새로운 도전이 시작되는 곳이다. 에덴 밖은 하나님 없이, 하나님과 상관없이, 우리와 우리의 후손들만으로 살아가는 곳이 아니다. 더욱 하나님의 다스림과 함께하심 없이 우리가 우리를 이렇게 타락의 구렁텅이로 몰아넣은 뱀과 홀로 싸우는 곳이 아니다. 여전히 하나님은 우리와 함께 하실 것이다. 죄와 더불어 하나님을 떠났고, 하나님의 사망 선고가 집행되어 이미 죽었지만 하나님은 그런 미천하고 아무 소망 없는 우리를 통해서도 다시금 새 일을 시작하겠다 하신다. 이게 에덴 선언서의 보이지 않는 음성이다.

하나님이 우리와 여전히 함께 하시는 에덴 밖이라면 이곳 역시 하나님 안에서 살아갈 수 있다. 이게 희망 아닌가. 비록 숨이 끊어질 것 같은 해산의 고통이 따를 것이고, 땀을 흘려야 하는 노동의 수고가 이어질 것이다. 그럼에도 이 땀과 눈물이 하나님의 희망을 낳는 새로운 씨앗이 된다면 우리는 기꺼이 그 대가를 기쁨으로 지불할 것이다. 그렇다, 에덴 밖이라 할지라도 하나님으로 더불어 살아간다면 그곳 역시 희망이다. 하나님이 에덴에서 우리에게 가죽옷을 지어 찾아오신 것처럼, 하나님을 떠나 에덴 밖으로 쫓겨났을 지라도 우리를 다시 찾아오실 것이기 때문이다.

에덴선언서가 집행될 에덴 밖 그곳에까지 우리를 지켜보시며, 마침내 여자의 후손이 나타나기까지 쉬지 않으시고 우리와 함께 하실 하나님이기 때문에 에덴 밖은 물론 우리와 우리의 후손은 희망을 노래할 수 있다. 새로운 도전은 시작되었다. 다시 새로운 기회가 왔다. 그럼에도 우리는 종종 에덴을 그리워할 것이고, 그때 우리와 함께 하셨던 하나님을 추억하며 살 것이다. 이 두 사이를 살아가기가 녹녹하지는 않겠지만 더 이상 하나님의 가슴에 못을 박을 순 없지 않은가. 하나님이 우리의 희망이듯, 우리 또한 하나님의 희망이기에 그렇다.

Part 02

하나님
앞에
무릎 꿇고

아바라 부를 때

그가 들으시죠

사랑하는 아들 | 01
가인(Cain)을 생각하며

세월이 지난 후에 가인은 땅의 소산으로
제물을 삼아 여호와께 드렸고,
아벨은 자기도 양의 첫 새끼와 그 기름으로 드렸더니
여호와께서 아벨과 그의 제물은 받으셨으나,
가인과 그의 제물은 받지 아니하신지라
가인이 몹시 분하여 안색이 변하니,
여호와께서 가인에게 이르시되
"네가 분하여 함은 어찌 됨이며 안색이 변함은 어찌 됨이냐.
네가 선을 행하면 어찌 낯을 들지 못하겠느냐
선을 행하지 아니하면 죄가 문에 엎드려 있느니라
죄는 너를 원하나 너는 죄를 다스릴지니라"
가인이 그의 아우 아벨에게 말하고 그들이 들에 있을 때에
가인이 그의 아우 아벨을 쳐죽이니라.

(창세기 4.3-8)

코 흘리며 징징거리던 때가 바로 엊그제 같은데 두 아들 녀석은 어느덧 농사일을 돕고, 양을 치는 거친 일도 함께 거드는 그런 든든한 동무로 자랐다. 네 식구 입에 풀칠하고 살아야 하는 농사일이 여간 힘든 게 아니었다. 하지

만 커가는 녀석들과 땀을 흘리며 함께 꿈을 키우는 행복
은 무엇과도 비교할 수 없는 기쁨이었다. 그리고 더없는
든든함이었다. 특히나 올 해는 초록으로 너풀거리는 봄의
향기를 맛보면서 '에덴 밖에도 이런 아름다움이 있구나'
싶은 생각이 들 정도로 풍성한 해였다.

그런데 이 무슨 청천벽력 같은 일인가! 자식들을, 그것
도 둘 모두를 떠나보내고 나니 무슨 낙으로 이 세상을 살
아야 하나. 이제 숨을 쉬는 것조차 고통스럽다. 나도 이렇
거늘 아이들 엄마를 어찌해야 할까. 자기 생명보다 더 아
끼고 사랑했던 아들을 하루 아침에 잃어버렸으니 말이다.

마땅히 아비인 내가 진작부터 가인(Cain)의 마음을 살폈
어야 했다. 하지만 하나님을 예배하는 마음이 두 녀석 모
두에게서 자라고 있다는 것만으로 너무 쉽게 안심했던 것
같다. 다 지난 이야기다. 아들 하나 간수 못한 내가 입이
열이라도 무슨 할 말이 있으랴.

우리 부부의 기쁨이었던 둘째 아벨(Abel), 철없는 형의
잘못으로 아무 죄 없이 세상을 떠났지만 그 아이의 영혼은
분명 하나님께서 거두어 주셨음을 믿어 의심치 않는다. 하

지만 오, 내 큰 아들 가인! 어느 것 하나 마음 놓을 수 없는 가인은 넋 빠진 모습으로 돌개바람처럼 그렇게 우리 곁을 떠났다. 이 사실이 우리의 가슴을 더욱 아프고 시리게 한다. 사랑이라는 이름에 감추인 그리움 때문이겠지.

분노를 참지 못해 제 동생에게 결코 해서는 안 될 패륜 행위를 저질렀지만 그래도, 그래도 가인은 우리에겐 떼려야 뗄 수 없는 아들이 아닌가. 세상이 모두 돌을 든다할지라도 그를 감싸야 하는 것이 부모의 몫이라는 걸 깨닫게 되었다. 자녀를 키워본 자만이 부모의 심정을 헤아리는 법인가보다. 하나님도 내가 에덴을 떠나올 때 이런 마음이었다는 생각을 하니 더욱 마음이 아려온다.

가인은 내 기력의 시작이자 희망의 씨앗이었다. 에덴에서 추방되어 살아가던 어느 날, 하나님께서 자녀를 낳을 것이라 말씀하신 것처럼 아내 하와가 임신하여 낳은 첫 아들이 가인이다. 출산을 한 아내 하와의 심신이 좀 염려스러웠지만 '내가 하나님의 도우심으로 사내아이를 얻었다!'라고 고백할 정도로 차츰 회복되어갔다.

그렇게 무럭무럭 자란 아들이 어느덧 청년이 되어가면

서 우리 부부에겐 제출해야만 하는 숙제가 고스란히 남아 있었다. 하나님의 천지창조와 우리 부모의 죄에 따른 실락원(失樂園) 등 우리의 모든 상황을 아들에게 일일이 다 고백해야만 하는 입장에 서게 된 것이다. 하나님의 도우심으로 아들을 낳은 것은 결과적으로 가인에게 큰 심적 부담으로 자리잡을 수도 있었다. 그럼에도 가인은 잘 자라주었고, 아비의 일을 도우면서 자랐기 때문인지는 몰라도 대를 이어 농부가 되었다. 게다가 하나님을 예배하는 아들로 자라 주었다.

:: 사랑하는 아들 가인아!

네 부모인 우리가 에덴에서 실수하고 죄를 범할 위기에 있었을 때, 하나님께서는 너에게처럼 먼저 경고하시지 않으셨단다. 하지만 너는 하나님께 예배한 뒤 너와 너의 제물인 밭에서 거둔 곡식을 반기지 않았다는 이유로 하나님 앞에서 화를 내며 언짢아 안색까지 변했지? 그러나 하나님은 그런 네게 또 찾아 오셨었다. 생각해 보거라. 죄인이지만, 죄를 지어 하나님과 더 멀어지지 않게 하려고, 네가 동생과 하나님을 예배하는 일로 인해 갈등이 더 큰 화로 번지는 것을 원치 않으시니 그렇게 하셨을 게다. 그러나 너는 하나님의 경고를 배반하면서까지 아빠의 죄를 잇고야 말았구나. 이 아비는 나 자신을 죽였고 또, 나 하나로 말미암아 사망이 온 인류에게 미치게 되었단다. 이제 네가 동생을 죽이므로 그 죄악이 에덴을 지나 들판으로 점차 퍼져가게 되었다. 오, 그리고 너는 우리 곁을 홀연히 떠나갔구나.

하지만 이 모든 것이 다 이 못난 아비 때문이니 제발 자

학만은 하지 말거라. 살아 있으면 언젠가 다시 만나는 날
도 있을게다. 하나님은 우리가 다시 만나는 걸 금하지는
않으셨단다. 그날 이후 네 엄마는 네가 즐겨 머물던 방을
날마다 쓸고 닦으며, 매일 음식도 넉넉하게 남겨 놓곤 한
단다. 한 번씩 네 방에 다녀올 때마다 눈시울이 붉어지지
만 아빤 애써 모르는 척 하고 있다. 그렇지 않으면 우리
모두 한동안 눈물의 강에서 헤어 나오지 못할 것을 알기
때문에 말이다.

　아들아, 보고 싶다. 정말 미치도록, 뼈에 사무치도록 그
립구나. 네 엄마가 끙끙거리다 못해 몸져 누워있을 때면
더욱 더 그리움이 아비 가슴을 이토록 시리고 저미게 하
는지 모르겠다.

　아들아, 미안하다. 이 못난 아비를 용서해 다오. 이 아
비는 에덴에서의 실패가 트라우마로 남아 너에게 하나님
을 가르치고, 또 보여주는 일에 늘 소극적이었던 같다. 아
마 자격지심이었을 게다. 때문에 너희 두 형제가 자라 스
스로 하나님을 예배하는 자리에 나아가는 게 이 아비에겐
감동을 넘어 하나님을 다시 새롭게 바라보는 희망의 씨앗

　　　　　　　　　　　　　　　하나님, 저 아담입니다

이었단다.

　시간을 되돌릴 수만 있다면 그때로 다시 돌아가고 싶구나. 하지만 아비와 아들, 부모와 자식인 우리가 다시 새로운 꿈을 꿀 수 있는 기회마저도 영영 사라져 버린 것은 아니라고 믿는다.

　자식에게서 꺾인 날개는 그 무엇으로도 수리하기가 참 어려운 일인가보다. 네 어미 역시 어디에 마음을 붙이지 못하고 하루하루를 견디고 있단다. 이런, 너무 우리 얘기만 했구나. 더 힘들고 어려운 건 바로 너일텐데 말이다.

　아들아, 우리 부모가 에덴의 실패로 인해 비록 뒤뚱거리긴 했지만 어떻게든 이겨내려고 몸부림치며 살아왔듯이 너도 그러기를 진심으로 빌고 또 빈다. 그래야 이 다음에 다시 만날 때, 슬픔을 넘어선 모습으로 만날 수 있을테니까. 그래, 우리 그렇게 만나자꾸나.

　아들아! 아, 내 사랑하는 아들아! 넌 우리 부모의 희망이자 꿈의 시작이라는 것을 잊지 마렴. 언젠가 다시 만날 날을 위해서라도 힘을 내거라. 네 앞길에 하나님이 늘 함께 하시기를 축복한다. 네가 무엇을 하든, 어디에서 어떻

게 살든 너는 변함없는 우리의 사랑스러운 아들이라는 사
실을 꼭 기억하거라. 부디 건강하고 안전하게 지내기를
손 모아 기도한다.

너를 사랑하는 아빠, **아담**으로부터!

 하나님, 저 아담입니다

130년간 숙성된 고독, | 02
그 뒤에 흐르는 희망의 서곡

나는 도대체 몇 살에 아내 하와를 신부로 맞이한 걸까? 그리고 나는 언제쯤 하나님께서 에덴동산에서 밝히셨던 창조의 꿈의 날개를 무참히 꺾어버리는 불순종을 했을까? 결국 그 죄의 값으로 에덴에서 쫓겨나고, 에덴 밖에서 두 아들 가인과 아벨을 낳았다. 또 얼마의 시간이 흐른 뒤 아벨장례식을 치렀고, 큰 아들 가인과 기약 없는 이별의 눈물을 흘려야 했다. 분명한 것은 일련의 사건들이 진행되었던 창조부터 셋째아들 셋을 낳기까지, 130년이라는 영욕의 시간이 촘촘히 녹아있다는 점이다.

:: 부끄러운 이야기

이렇게 창조에서 타락, 그리고 심판받아야 할 우리에게 구원의 복음과도 같은 희미한 빛이 비추인 것까지, 이 130년의 세월에는 하나님이 비추신 거룩의 시간과 인간이 내딛은 죄악의 시간이 공존한다. 무엇보다 그 시간 안에는 하나님이 흙으로 나를 빚어 지으시고 내 코에 생기를 불어넣어 사람이 된 때, 그러니까 죄와 아무 상관없는 하나님의 모습이 온전히 유지되던 때부터 타락하여 하나님과 원수인 죄인이 되어 살아온 죄행(罪行)의 모든 시간이 생생하게 살아 숨 쉬고 있다.

내가 길다면 긴 파란만장한 세월들을 죄인으로 버티어 왔다는 건 어찌보면 기적 같은 일이다. 정말이지 이처럼 기나긴 세월을 어떻게 살아왔을까. 아득하게 느껴지기도

하나님, 저 아담입니다

하고, 또 한 순간처럼 생각되기도 한다. 아!

　돌처럼 싸늘하게 식어버린 둘째아들 아벨을 끌어안고 통곡했을 때, 식음을 전폐하며 삶의 맛도 다 잃어버렸을 때, 실성한 듯 멍하니 누워 눈물만 흘리며 괴로움으로 뒹굴었을 때, 이러다 가인마저 잃게 되는 것 아닌가 싶어 가슴에 남은 불을 주워 담았다. 그러나 드러내 놓고 무너질 수 없었던 부끄럽고 못난 아비였기에 가끔은 아들놈 주위를 빙빙 돌며 지내기도 했다. 그럼에도 이 모든 한을 최대한 숨긴 채 작은 아들을 가슴에 묻고 흙으로 돌려보내는 장사를 지내야 했다. 이것이 다 내가 에덴에서 하나님 말씀을 어기고 범죄한 결과란 걸 잘 알고 있기에 내 슬픔은 그 무엇으로도 위로 받을 수 없었다.

　가죽옷을 짓기 위해 양이 죽고, 그 가죽이 벗겨지는 것을 보면서 내 죄의 부끄러움을 온전히 덮어주시는 하나님의 마음을 보았다. 그 후 난 에덴 밖에서 나와 아내, 그리고 아들의 허물과 죄를 덮기 위해 그때 하나님이 그러하셨듯이 나도 우리 가정의 제사장이 되어 그렇게 하나 둘, 조용한 의식을 치르곤 했다. 이런 의식을 보고 자란 두 형제가 아비처럼 하나님을 예배하는 자들로 자라가는 것은 에덴 밖에서 만난 하나님의 특별한 선물이자 희망의 씨앗이었다.

:: 희망의 서곡

아벨의 제사를 받으시는 것을 보면서 하나님과 화해의 길을 모색하던 나, 하지만 간절히 바라던 나의 꿈은 뜻밖에 찾아온 아벨의 죽음과 함께 처참하게 산산조각 났다. 하나님 형상의 회복이라는 소망의 씨앗 아벨은 그렇게 떠나고, 죄인의 후예라는 내 닮은꼴 절망의 가인만 남았으니까. 아버지가 심은 죄의 씨앗은 이렇게 아들에게서 결코 부정할 수 없는 죄의 열매로 고스란히 나타나고 있었다.

이렇듯 눈으로 보이는 증거 때문에 나는 한시도 에덴의 죄를 잊을 수 없었다. 이렇게 사방이 모두 죄로 우거싸고 있는 나, 이것이 죄의 값을 치르는 죄인으로서의 삶이었다. 죄, 심은 대로 거둘 수밖에 없는 그 놈의 죄 말이다.

아벨을 잃고 또 몇 년이 더 지났는지는 정확히 알 수 없지만 130세 즈음에야 비로소 셋째아들 셋(Seth)을 낳았다. 이 기나긴 세월이 흘러오는 동안 나는 과연 어떤 사람이 되어 있었을까. 그런 의미에서 내 고백은 내가 생각하기에도 놀랍다. 아니 놀랍다 못해 충격적이다.

우리가 다시 자녀를 낳는다는 건 죽음보다 더 원하지 않았던 일이었고, 또 그만큼 두려운 일이기도 했다. 잉태의 희망과 기쁨은 다시 슬픔과 고통의 눈물로 자라 우리 곁을 떠날지도 모른다는 두려움 때문이다. 이를 가인과 아벨에게서 톡톡히 학습하지 않았던가. 그런 좌절과 고통의 몸부림으로 보낸 세월이 벌써 130년이다.

하지만 놀랍게도 우리 부부는 셋째아들을 얻고서 다시 하나님이 내게 가인이 죽인 아벨 대신 다른 씨를 주셨다며, 그분의 이름을 희미하게 토해 내기 시작했다. 특히나 아직 어딘가에 살아있을 가인 대신이 아니라 이미 흙으로 돌아가 버린 아벨 대신이기에, 이 아들은 아벨처럼 자라주길, 하나님께서 이 아들을 끝까지 지켜주시기를 간절히 바라는 애타는 마음을 이름 안에 담았다. 그래서 더욱 시리도록 눈물이 난다.

더 이상 부끄러운 쓴 뿌리를 대물림하고 싶지 않는 우리 부부의 절규가 오늘도 허공을 맴돈다. 하나님이 내게 아벨 대신 다른 씨를 주셨다! 아, 이 얼마나 놀라운 복음의 외침인가.

"아비는 죄(罪)를 시작했으나

하나님은 아들 셋을 통해

의(義)를 시작하시기 원합니다."

우리 부부는 태어난 셋 앞에서 무릎을 꿇고 두 손을 모으며 눈물로, 간절하게, 부르짖고 또 부르짖었다.

죄 가운데서, 죄를 먹고 사는 죄인으로 살면서도 하나님의 이름을 부르는 나 아담. 나는 이렇게 휘청거리면서도 완전히 무너지지 않고 신약의 탕자처럼 묵묵히, 그러나 또렷하고도 분명하게 하나님을 기억해 냈다. 그렇다.

나는 구약의, 창세기의 탕자다. 그리고 성경의 첫 탕자다. 그런 내가 마침내 긴 침묵을 깨고 하나님을 향해 영혼의 나래를 펴고, 다시 하나님을 향해 비상을 시작한 것은 하나님의 특별한 은혜라 생각한다.

참 아이러니하지만 죄와 아무런 상관이 없던 에덴에서는 하나님을 떠났었다. 그러나 죄인으로 뒹군 에덴 밖에서 하나님을 목 놓아 부르고 있다. 널려 있을 때 풍족함을 느끼지 못하다가 없어지고 나서야 깨닫게 되는 미련함이란. 이렇게 절망과 희망이 절묘하게 변주되는 역설이 130년짜리 묵고 또 묵은 부끄러운 내 초상이다. 그럼에도 불구하고 다시 하나님을 부를 수 있음이 희망이다.

나는 기나긴 고독의 터널을 통과해 가면서 비로소 알게 되었다. 장남 가인의 뒤를 이어 우리가 낳은 아들은 죄인의 아들이자 아우인 아벨이었다는 것을. 여호와로 말미암아 득남했을지라도 가인 역시 자신을 오염된 죄로부터 돌이키기엔 애당초 불가능한 출발이었다. 따라서 가인에게서 아벨을 넘어설 그 어떤 가능성이나 희망을 기대한 것 자체가 죄의 능력을 과소평가한 값싼 희망이었다. 어리석

게도 에덴을 잃어버리는 죄를 지었으면서 가인에게는 동
생을 너그럽게 품어줄 의를 기대하다니, 이 얼마나 허망
한 해프닝이었나.

그래서였을까? 내가 이 긴 고독을 마무리할 즈음 셋째
아들 '셋'을 낳게 되었을 때, 비록 그가 여전히 아비인 나
의 본성을 빼닮은 아들이라 하더라도, 그럼에도 불구하고
단순히 누구의 아우가 아닌 아벨 대신에 주신 아벨의 후
예라는 상징적 의미를 온 몸으로 붙들었다. 아마도 의인
아벨다움만이 엉클어져버린 出에덴의 실타래를 풀 또 하
나의 희망이라고 믿기 때문이겠지.

"믿음의 행위로 아벨은,
가인보다 나은 제물을 하나님께 드렸습니다.
중요한 것은,
그가 드린 제물이 아니라 그의 믿음이었습니다.
하나님이 주목하시고 의롭다 인정해 주신 것은
다름 아닌 믿음이었습니다.
수많은 세월이 흘렀으나,
그 믿음은 여전히

하나님, 저 아담입니다

그랬다. 후세대에 신약이 구약을 바라보며 기록하는 믿음의 계보(히브리서 11장), 그 첫 주자인 아벨, 그의 순교의 피가 헛되지 않기를 바라는 내 소망이 하늘 보좌를 향해 올려진 데에는 내가 미처 깨닫지 못한 비밀이 있었다. 때문에 난 태어나는 아들들 앞에서 떨고 있을 수밖에 없다. 나는 분명 아버지이지만 영적 가난함 때문에 셋을 위해 해줄 게 아무 것도 없다는 것을 알기에, 오직 하나님의 은혜와 긍휼히 여기심만이 셋의 유일한 희망임을 깨달았다.

나는 가인이 아무런 말도 없이 떠나가고, 아벨이 죽어 흙으로 돌아간 뒤에야 조금씩 하나님을 알아갔다. 하나님께서 아벨과 그의 제물은 반기셨지만, 가인과 그의 제물은 흡족해하지 않으셨다는 것을. 하나님은 제물과 그 제물을 드리는 사람의 마음, 그 안에 보이진 않아도 존재하는 믿음을 무엇보다 소중하게 받으시는 분이라는 것을 나는 아들 하나를 잃는 값비싼 대가를 지불하고야 비로소 알았다. 이 살아 역사하는 하늘의 진리를 알기까지 나는

외롭고 쓸쓸한 130년이라는 시간을 고스란히 내어주었
다. 하지만 고독이라는 씨앗에서 잉태된 셋째아들 셋으로
부터 하나님의 이름을 부르는 예배가 다시 회복된다는 것
은 무엇과도 바꿀 수 없는 희망의 서곡이다. 이렇게 난 서
서히 깨어나고 있다.

　하나님, 저 아담입니다

자식은 | 03
부모를 닮는다.

아담이 자기 아내 하와와 잠자리를 같이하니,
하와가 임신하여 가인을 낳았다.
하와가 말했다.
"내가 하나님의 도우심으로 사내 아이를 얻었다."
하와가 또 아벨이라는 아이를 낳았다.
아벨은 양을 치는 목자가 되고,
가인은 농부가 되었다.

(창세기 4.1-2)

'여기가 바로 천국이 아닐까?' 싶었다. 손만 내밀면 아직 이름을 짓지 않은 꽃과 나무, 동물들이 가득한 동산을 사랑하는 하나님과 유유자적 산책을 하며 행복해하다, 순간 '빨리 감기' 장치처럼 장면이 재빠르게 바뀐다. 이번엔 우리 부부의 신혼방 앞에 서신 채 한 손엔 꽃다발을, 다른 한 손엔 과일바구니를 한 아름 들고 빙그레 웃으시던 하나님. "나 네 집에 심방 왔다!" 황급히 나가 하나님을 맞으며 기쁜 포옹을 하는데 그만... 순간 장면이 바뀌더니 다시 냉혹한 현실로 돌아왔다.

나의 잠꼬대를 아내가 깨우지만 않았어도 벌써 하나님께서 집안으로 들어오시는 것까지 보았을텐데… 요즘 이런 꿈 때문에 종종 긴 밤을 뒤척인다. 주님과 함께함이 에덴에서는 그야말로 일상이었는데 出에덴 후엔 그게 꿈속에서나 가능하다는 사실이, 아니 이제 꿈속에서도 희미해지는 것이 시리고 아프다. 그리고 서럽게 눈물이 난다. 이제 와 후회한들 그게 무슨 소용일까만.

에덴을 나온 후 아내 하와에게 미묘한 변화가 느껴졌다. 아내의 배가 점점 불러온 것이다. 우리에게는 시댁과 친정도 없으니 이런 걸 누구에게 배울 수 있는 그런 게 아니었다. 그나마 동물들의 출산(出産)이 하나의 힌트가 됐다. 창조부터 지금까지 세상은 생육하고 번성하는 하나님의 명령이 왕성하게 실현되는 축복의 땅이다. 동물들이 소위 임신이라는 걸 한 후에 겪는 평소와 다른 모습들, 그런 후에 수 개월에서 일 년이 지난 뒤에야 자기를 닮은 새끼들을 낳는 걸 보아왔기에 하와를 통해서도 우리를 닮은 아이가 태어날 것을 기대할 수 있었다.

하나님, 저 아담입니다

:: 해산의 고통

모든 게 다 처음이었다. 이건 신선한 설렘과 더불어 교과서도 없는 그야말로 이론 없는 실제 상황이라 살짝 두렵기도 했다. 한편 아내의 배가 불러올수록 난 동물들에게서 실습 아닌 실습을 하곤 했다. 어떻게 낳는지, 낳을 때 누가 도와주는지, 탯줄이라는 걸 어느 정도에서 끊어야 하는지 연구할수록 내가 할 수 있는 일과 아내의 역할이 무엇인지 구분이 되었다. 그래서 기회 되는 대로 하와에게 귀띔해주곤 했다. 냉정하게 보일지 몰라도 출산에 있어서만은 각자의 몫이 있기 때문이다.

> **"내가 네게 해산의 고통을 크게 더하겠다.
> 너는 고통 속에서 아이를 낳을 것이다."**
>
> (창세기 3.16a)

사실 아내 하와가 첫 아이를 임신하였을 때, 그때는 여러모로 두렵고 힘든 시절이었다. 그 중에서 가장 갈피를 잡을 수 없는 것이 '도대체 언제 해산을 하게 되는가'였다. 동물들은 대부분 새벽에 보면 이미 출산을 하고 난 뒤인

경우가 많았고, 소나 양들은 해 뜨기 전에 우리를 떠날 때는 배가 남산만 했는데 저녁 해가 뉘엿뉘엿 져서 돌아올 때는 옆에 떡하니 새끼를 데리고 오는 일이 비일비재했다. 정말 말씀대로 '잘 자라고, 가득하고 번성하라'는 하나님이 주신 복이 온 땅으로 퍼져나가고 있었다.

하지만 자녀를 낳고, 번성하여 땅과 만물을 다스리고 돌보아야 할 사람은 에덴에서나 에덴 밖에서나 오직 우리 부부 둘밖에 없었다. 이런 상황에서 하와가 임신을 했다. 놀랍기도 하고 기쁘고 고맙기도 하면서 만감이 교차했다. 하지만 기쁨도 잠시, 문제는 우리가 사람의 출산을 경험하지 않았다는 점이었다. 그러니 출산일이 언제가 될 지, 또 출산은 어떻게 하는 지 도대체 알 길이 없었다. 다만 한 가지 분명한 과정은 있었다. 그건 다름 아닌 '해산의 고통'이다. 하와가 아이를 낳을 때 다른 어떤 것과 비교할 수 없는 고통을 겪게 되리라고 이미 하나님께서 말씀하신 부분이었기에, 하와의 출산이 가까울수록 그 '고통'의 비밀이 밀려오는 것 같았다.

예상은 정확히 맞아 떨어졌다. 사실 입 밖에도 뻥끗하지 않았지만 '이러다가 아내가 죽는 건 아닐까' 하는 마음이 들 만큼 고통스럽고 힘들어 보였다. 내가 대신 아파할 수 있는 일이라면 기꺼이 내가 감당하련만. 이게 다 죄의 값인 걸 우리 두 사람 모두가 다 알고 있었기에 그나마 고통을 참아낼 수 있었는지도 모른다. 몇 시간이 지나도록 세상의 모든 고통을 혼자 짊어진 것처럼 울부짖던 하와였지만 그 아픔의 결과, 우리를 쏙 닮은 아들이 옆에 누워있는 걸 보며 고통은 어느덧 신기루처럼 사라졌고, 그 여백은 기쁨과 행복으로 채워졌다. 그러니까 후에 또 다시 둘째를 임신했겠지.

보통 갓 태어난 소나 양들은 출산하자마자 비척거리다가 곧 걷고 뛰었다. 그런데 가인은 눈도 뜨지 않고 잠만 잤다. 뭔가 잘못된 거 아닌가 싶어 우리 부부가 끙끙댈 때 아기가 배고프다는 신호로 목청 높여 울어주는 것이 얼마나 다행스럽던지. 그럴 때마다 하와는 젖을 물렸고, 녀석은 배가 불룩하게 나올 때까지 엄마 품을 더듬었다. 장남 가인, 차남 아벨은 이렇게 우리에게로 왔다. 하나님의 말씀처럼 나는 땀을 흘리며 수고함으로 일용할 양식을 먹게 되었고, 아내는 임신하는 고통과 수고를 통해 자식을 낳음으로써 하나님의 법을 조금씩 이루어가게 되었다.

우리는 에덴을 떠나기 전 하나님이 친히 지어주신 바로 그 가죽옷을 입어왔기에, 그때의 기억을 더듬어 우리도 아들과 딸이 입을 만한 옷들을 미리 준비해 놓았다. 때로 갈아입힐 여벌이 아직 마르지 않았을 땐 혹시나 딸을 낳을까 싶어 만들었던 옷을 입혀놓고 서로 깔깔 웃다가 '하나님이 딸도 주실 날이 있겠지' 하며 기대하기도 했다. 그래, 그렇게 우리에게도 다시 웃음이 찾아왔다. 하나하나 잔잔한 변화가 일기 시작한 것이다.

인생의 슬픔은 종종 자식을 통해서 기쁨과 웃음으로 승화된다고 했던가. 맞는 말이다. 생각할수록 참 신비한 경험이었다. 더 놀라운 건 우리 부부가 나누는 대화의 언어를 아이들이 조금씩 따라 하기 시작했다는 것이다. 뭐가 그렇게 궁금한 게 많은지 쉴 새 없이 돌아다니려고 애를 쓰고, 말하려고 하고, 찾아내려 했다.

그렇게 성장의 기쁨을 맛보다가도 가끔 깜짝 놀라 가슴 벌렁거리는 일들이 하나 둘 생기기 시작했다. 우리 부부의 가슴 안에만 깊숙하게 담아놓은 뼈아픈 그 기억을 끄

집어내지 않으면 설명 되지 않는 질문이 가인과 아벨의 입에서 불쑥불쑥 나오는 것 말이다.

'아, 죄(罪)로부터 자유할 수 없는 숙명이란 이런 거구나!' 깊은 밤 집밖을 서성이며 심연에 빠지는 날들이 늘어 갔다. '에덴보따리'를 아들들에게 열어보여야 할 때가 서서히 다가오고 있다는 두려움. 그날이 오면 난 두 무릎을 꿇고 아들 녀석에게도 용서를 구하겠다고 각오했다. 자녀가 커간다는 건 잃어버린 웃음과 기쁨을 다시 찾는 것이기도 하지만 분명 새로운 도전이기도 하다.

:: 무릎 꿇기

내가 죄를 지은 곳은 에덴에서였고, 우리는 이미 그곳을 떠나왔다. 이제 더 이상 우리 삶의 무대도 아니고, 지금껏 그곳과 연결된 일들은 없었다. 그리고 앞으로도 그럴 가능성은 전혀 없다. 때론 '이 원죄를 우리 부부의 가슴에만 묻어두고 무덤까지 가면 될 일이지 않나' 하는 생각도 했다. 그렇다고 하나님을 속이고 죄를 범한 것도 모자라 이젠 후손들에게까지 감추려고 하는 건 아니다. 긁어

부스럼을 만들 이유가 있나 하는 소박한 생각에서 하는 말이다.

하지만 곰곰이 생각해 보면, 우리는 태초에 하늘 문이 열린 이후 만들어진 최초의 사람이 아닌가. 묻고 또 물으며 사닥다리를 타고 올라가노라면 드러나지 않을 래야 않을 수 없는 사실, 바로 그것과 만날 수밖에 없다. 그런데 하나님을 속이고 이 지경이 된 것도 모자라 이젠 사람까지 속이려 든다면… 그렇다. 우리 입으로 우리들의 부끄럽고 슬픈 지난 날의 어둠을 토해내야 한다. 죄는 에덴을 출발해 우리가 사는 에덴 밖으로, 나로 시작해 가인에게, 점점 더 넓고 크고 깊게 확장되어 갔다.

이제 아들들에게 무릎 꿇는 날이 시나브로 다가온다. 사노라면 부모는 자식에게 지난 세월 안에 들어있는 고통스럽고 아픈, 시리고 슬픈 애기들은 가급적 하지 않고 가슴에 깊이 묻어둔 채 살아간다. 그래서 부모는 자식에게 일정 부분은 영웅이나 롤 모델이고 큰 바위 얼굴이다. 부모는 다 잃어도 자신의 부끄러운 뒷모습은 보여주지 않는다. 특별히 미화시키지는 않겠지만 그렇다고 과거 모습 그대로 드러내지도 않는다. 하지만 나는 그럴 수가 없는 형편이다. 이것이 아들 녀석들이 커가는 모습 속에 들어 있는 두 그림이다.

결국 무능한 아버지일 수밖에 없는 운명! 이게 내가 품고 가야 할 내 몫의 죄다. 처음엔 가족 부양을 위해 땀 흘려 노동해야 하는 수고가 제일 힘든 줄 알았다. 뭐 사실이 그렇기도 했다. 하지만 가르쳐주지 않아도 우리를 닮아가는 자녀들을 보면서, 그게 다 부모가 에덴에 심었던 죄의 씨앗에서 움튼 싹이 분명하다는 걸 인정하지 않을 수 없었다. 그러면서 보이지 않은 영혼의 고통은 그 무엇과도 비교할 수 없는 감당하기 어려운 피눈물임을 온 몸과 마음으로 체득했다. 이렇듯 부모가 된다는 것은 좋든 싫든 이 모든 숙제를 안고 가야만 하는 길이다.

:: 예배자

'자식은 부모의 말을 통해 배우는 게 아니라 부모의 등 뒤를 보며 자란다'는 말이 있다. 우리 가정도 예외는 아니었다. 아이들은 자라면서 우리가 하는 농사와 목축을 배우며 자기 자리를 잡아갔고, 우리가 하나님을 예배하는 모습을 어깨 너머로 보더니 언젠가부터 하나님을 예배하는 일에 관심을 보이기 시작했다.

그러나 왜 우리는 지난 후에야 후회를 하는지. 어떻든 이 아이들이 하나님을 알아가고, 그분을 예배하는 일에 마음이 향하고 있을 때가 기회였다. 비록 자식들 앞에 허물을 드러내고 싶지 않은 게 부모의 심정이지만 녀석들이 하나님 앞에 서 있던 그때, 바로 그 시절에 실낙원(失樂園)에 관한 이야기를 참회하는 마음으로 고백할 수 있었어야 했다. 물론 아들들에게 용서를 받는다고 해서 에덴에서의 부끄러움이 사라지는 것은 아니다. 하지만 잃어버린 하나님의 형상에 대해, 그로 인해 들이닥친 에덴 밖에서의 죄의 값에 대해, 그럼에도도 불구하고 하나님을 가르치고, 또 예배하며 살아야 할 우리의 운명에 대해서 담담하게 가르치고 강조해야만 했었다.

하지만 하나님을 예배하는 아들로 자라는 걸 보면서 그날을 차일피일 미루고 있었다. 어느 날은 하나님을 떠난 우리를 보면 불안하기도 했다가, 또 하나님을 가까이 하는 예배자로서의 두 형제를 보면 희미한 희망의 조각구름이 보이는 것 같아 안심이 되는 등 일희일비했다. 그렇다고 손으로 하늘을 가린다고 가려지는가. 말하지 않는다고 덮어지는 것은 아니었다. 온 세상에 사람이라곤 부모와 두 아들 밖에 없는데 가인이 불쑥 "내가 아빠의 아들이니까 아빠에게도 아버지가 계시지 않나요? 아빠와 엄마는 어떻게 만났고, 언제 결혼했어요? 왜 다른 짐승들과 달리 우리는 달랑 네 식구 밖에 되지 않나요?" 묻기라도 한다면 뭐라 대답해야 할지, 녀석들이 커 갈수록 난이도 높은 문제들이 나를 압박해 온다. 어쩌나, 정말!

04 | 하나님, 저 아담입니다!

남자에게는 이렇게 말씀하셨다.
"네가 네 아내의 말을 듣고
내가 네게 먹지 말라고 한
나무의 열매를 먹었으니,
땅이 너로 인하여 저주를 받을 것이다.
아이 낳는 것이 네 아내에게 고통스러운 일이듯이
네가 땅에서 양식을 얻는 것도
고통스러운 일이 될 것이다.
너는 평생토록 수고하며 일해야 할 것이다.
땅이 가시와 엉겅퀴를 내고
너는 죽어서 흙으로 돌아가는 그날까지
새벽부터 저녁까지 땀 흘리며
들에서 씨를 뿌리고 밭을 갈고 수확해야만
양식을 얻을 수 있을 것이다.
너는 흙에서 시작되었으니, 흙으로 끝날 것이다."
아담이라 알려진 그 남자는,
자기 아내에게 하와라는 이름을 지어 주었다.
그녀가 살아 있는 모든 것의 어머니였기 때문이다.
하나님께서 아담과 그 아내에게 가죽옷을 만들어 입히셨다.

(창세기 3.17-21)

하나님, 저 아담이에요. 천지를 창조하면서 선물로 주셨던 에덴, 그 안에 든 당신의 모든 꿈을 산산조각 내 버렸던 죄인 아담이요. 정말 오랜만에 하나님을 불러 보네요. 가끔 미치도록 사모하는 에덴을 그리다 새벽을 맞곤 합니다. 에덴 없이는, 무엇보다 하나님과 마주하지 않고는 살 수 조차 없을 줄 알았는데 그래도 모진 이 목숨 하나 붙들고서 이렇게 감히 하나님 이름 앞에 서 봅니다.

벌써 아장아장 걷기 시작한 사랑하는 장남 가인과 함께 생의 수레바퀴를 굴리면서 '이게 행복이구나, 내게도 이런 날도 있구나' 하는 생각에 한 없이 기쁘다가도 불현듯 눈가에 이슬이 맺히면 제 가슴 안에서 뜨거운 불처럼 올라왔다 내려가는 표현 못 할 어떤 감정을 맛보곤 합니다. 무슨 생각이냐고요? 하나님의 가슴에 못을 박고 에덴을 퇴장한 놈이 웬 웃음과 행복인가 하는 생각이요. 아마도 살아있음이 죄와 벌이라는 자괴감 때문이겠죠.

하나님, 요즘 당신이 그리워 잠에 들지 못하고 뒤척이는 밤이 늘어만 가네요. 오늘도 집과 농장을 오가면서 여지없이 그 시절 추억에 잠깁니다. 못난 제가 아비가 되고 보니 조금씩 당신의 마음을 알아가는 것 같습니다. 다 잃고 보니 그게 얼마나 소중하고, 그 무엇과도 바꿀 수 없는 것이었나를 생생하게 깨닫고 있는 거죠. 후회해 봐야 때는 이미 늦었는데 말이에요. 죄송합니다. 하나님! 하나님, 저 이렇게 살고 있어요.

에덴동산을 거닐며 당신과 산책하던 그 시절, 주와 더불어 수많은 동식물 앞에서 에덴을 돌아보던 그때. 면목 없고 황송하기 그지없지만 종종 다시 되돌릴 수만 있다면, 다 부질 없는 생각이지만 정말 그리 될 수만 있다면 얼마나 좋을까 하며 애통할 때가 점점 더 많아지고 있으니 이를 어찌해야 할지 모르겠네요. 쌓여가는 후회와 죄스러움 앞에 설 때마다 살아있는 육신 덩어리가 얼마나 큰 형벌인지 새삼 깨달아 가요.

하나님! 갑자기 철든 척 해서 죄송해요. 가인의 동생을 임신한 하와의 배가 불러오는 걸 보면서 이제야 제 마음에 있는 것을 조금이나마 토해 낼 수 있을 것 같아 당신 앞에 감히 무릎 꿇습니다. 마음과 다르게 두서없이 이 얘기

저 얘기하게 된 것 용서해 주세요. 제 입으로 하나님을 불러본 적이 언제였나 싶을 만큼 희미한 게 사실이에요. 어찌 감히 거룩한 당신의 이름을 죄인의 입에 오르내릴 수 있겠습니까. 그럼에도 불구하고 에덴 밖으로 버려져 오늘날까지 우리를 보호해 주시고, 또한 아담의 역사를 완전히 끝내지 않으신 하나님의 은혜를 제 가슴에 소중히 담고 있다는 걸 말씀드립니다.

아직 나에게 남아있는 유일한 당신의 흔적은 친히 지어 주신 이 '가죽옷'이에요. 언젠가 묵상 중 불현듯 나의 허물을 가려주기 위해 한 생명이 희생되었다는 사실을 떠올렸습니다. 그 때 얼마나 참회의 눈물을 흘리며 통곡했는지 모릅니다. 내가 주께 한 건 에덴을 부도낸 일 뿐인데 주 내게 해 주신 건 한 생명과 나를 바꿔주신 것이었네요.

그러고 보니 가죽옷만이 유일한 흔적은 아니었어요. 하나님과 함께 했던 그 만남들, 그리고 내게 오셔서 말씀해 주셨던 생생한 당신의 음성, 비록 내 눈으로 보이지 않아도 하나 둘 머리와 가슴 속에 떠올려 봅니다. 무엇보다 에덴을 죄악의 도시로 만들어 버린 이후에도 전처럼 우리 부부에게 찾아오셔서 "아담아, 네가 어디 있느냐!" 불러주셨던 그 음성을 내 기억의 창고에서 찾아냈답니다.

그날 이후로 꿈이 현실로 다가오는 순간이 가끔 있었어요. 그 땐 정말 하나님이 다시 임재하신 줄 알았죠. 에덴에 귀향한 것 같은 착각에 심장박동이 빨라지더니 급기야 멈출 듯 놀라서 깨곤 해요. 그렇게 허탈한 마음에 다시 무릎을 꿇고 목 놓아 불러보지만 여전히 대답이 없으신 당신. 그리움에 목이 마르고 애가 탄다는 감정이 무엇인지 알게 되었지요.

하나님! 그 옛날, 그러니까 금단의 열매를 먹고 하나님을 떠나던 날 저녁이었어요. 산들바람을 타고 하나님께서 동산을 거니는 소리가 들렸지요. 그런데 우리는 그 소리를 듣자 예전과 다른 행동을 했지요. 평소 같으면 어린아이가 문밖에서 들리는 엄마 소리에 그 문을 뚫을 기세로 뛰어나가듯 그렇게 우리도 천진난만하게 뛰어 나갔을 텐데 말이에요. 그러나 우리는 하나님을 피해 동산 나무 사이에 숨었답니다.

동산 나무 뒤에 숨어 사시나무 떨 듯 오들오들 떨고 있을 때 당신이 부르는 음성을 들었지요. 큰 벌을 받을 것과 이제 모든 것이 끝이라는 두려움에 사로잡혀 있었지만 이상하게도 가슴 한 구석에서는 밑도 끝도 없는 믿음이 날 흔들리지 않도록 잡아 주었답니다. 왜냐고요? 우리에게 말씀하시는 당신의 엄중한 목소리 뒤에는 우리 부부에게 향한 또 다른 감정이 담겨있었으니까요. 분노와 격정의 얼굴, 죽이고 싶을 만큼 후회함 그 너머엔 사랑과 연민, 용서와 긍휼함이 녹아져 있다는 것을 느꼈죠. 자식도 아비가 혼을 낼 때 진짜 화가 난 건지 아니면 용서해 주기 위한 혼인지 누가 가르쳐주지 않아도 느끼듯 말이에요.

죄인이 되어 당신의 임재와 음성 앞에 섰지만 날 불러주심 하나만으로도 끊어진 줄 알았던 희망의 줄이 다시 만들어진 것 같았습니다. '나 같은 죄인에게도 주께서 찾아오셨구나!' 난 두려워 하나님이 나타나실까 피해 숨었는데... 그럼에도 끝끝내 나를 찾아내시고 내 이름을 불러주셨지요. 타락하고 당신과 분리된 죄인이 되어버렸지만 난 당신에게 여전히 아담이었고, 사랑하는 아내는 변함없이 하와였네요. 우린 여전히 당신이 불러주는 존귀한 사람이었습니다. 오, 주여!

제가 오늘 불러도 불러도 대답 없는 하나님 앞에 이렇게 다시 홀로 선 것은, "그 나무의 열매를 먹는 순간, 너는 죽을 것이다."(창세기 2.17b)는 선포를 들었지만 '그래, 죽더라도 선악과의 열매를 먹고야 말겠다'로 해석했던 이 못난 놈이 이제 와서 무슨 변명을 하려는 건 아닙니다. 그날 동산 나무 뒤에 숨어 있을 때 "네가 어디 있느냐?"시며 나를 부르셨던 그 때가 마지막일 줄은 진정 몰랐기 때문입니다. 에덴의 모든 꿈을 산산조각 낸 내게 이처럼 다시 찾아오신 하나님이시라면 언젠가 또 나를 심방하실 것이라 생각했던 것이지요.

하지만 난 숨을 쉬고 있으니 살아 있다 할 수 있지만 하나님께는 이미 죽은 사람이나 다를 바 없는 자인 것을 조금은 알 것 같습니다. 천지와 그 가운데 있는 모든 동물과 식물들을 만드시고, 나를 만드시고, 아내 하와를 만드시고, 그리고 나와 아내의 부끄러움을 가려주시려고 만들어 주신 그 가죽옷, 이 옷을 만드시던 하나님을 묵상해 봅니다. 결과적으로 이 가죽옷이 하나님의 마지막 손길이었음이 서러워 이렇게 하나님 이름을 부르네요.

나를 지으시고, 오늘까지 나를 지켜보고 계시는 하나님!

주신 선물 장남 가인, 잘 키우겠습니다. 저 놈을 통해 제게 희망의 불씨를 다시 지펴주신 은혜를 결코 잊지 않으렵니다. 그래서 나 닮은 아들이 아닌 당신의 형상을 회복하는 아들로 드릴 수 있도록 키우겠습니다. 주여, 나를 아버지로 써 주세요. 아들에게만큼은 부끄럽지 않은 아비가 되고 싶습니다. 다른 건 다 날 닮아도 죄만큼은 닮지 말기를 간절히 바랍니다.

하지만 에덴은 물론, 오늘 우리 가정이 에덴 밖에 있게 된 그 이유를 아들에게 설명해야 하는, 정말이지 피하고 싶은 숙명 앞에 설 날이 조금씩 다가오고 있네요. 그것이 슬슬 부담이 되어 가슴에 박힙니다. 이게 다 자유로울 수 없는 죄인이요, 죄의 값이겠지요. 그렇게 아들 녀석에게 무릎을 꿇어야 한다면 피하지 않으렵니다. 그런다고 될 일이 아닌 거 이제는 잘 아니까요.

그럼 또 문안드리겠습니다.

당신의 첫 사람, 못난 아담으로부터...

05 | 나의 사랑하는 아내, 하와에게

하나님께서 말씀하셨다.
"우리가 우리의 형상을 따라 사람을 만들자.
그들로 우리의 본성을 드러내게 하여
그들이 바다의 물고기와
공중의 새와 집짐승과
온 땅과
땅 위에 사는 온갖 동물을 돌보게 하자."
하나님께서 사람을 창조하시되
하나님을 닮게 창조하시고
하나님의 본성을 드러내게 하셨다.
하나님께서 사람을 남자와 여자로 창조하셨다.
하나님께서 그들에게 복을 주시며 말씀하셨다.
"자녀를 낳고, 번성하여라!
온 땅에 가득하여라! 땅을 돌보아라!
바다의 물고기와 공중의 새와
땅 위에 사는 온갖 생물을 돌보아라!"
(창세기 1.26-28)

내 사랑, 하와!

긴 세월, 평생을 하루처럼 함께 호흡하며 살아왔으면서

하나님, 저 아담입니다

도 새삼스럽게 편지라는 걸 쓰려니 좀 많이 쑥스럽소. 한 편으론 내 마음을 당신에게 보여주는 것이 좀 늦은 것 같 지만 그래도 확신하는 것은 당신과 함께 했던 에덴 생활 은 기쁨과 행복이요, 희망이자 나의 전부였다는 점이오.

하나님이 나를 깊이 잠들게 하신 후 내게서 취하신 갈 빗대로 여자를 만드시고 나에게로 이끌어 오시니^(창세기 2.22), 그렇게 당신의 인생이 시작되던 날은 나에게도 새로 운 행복을 만나는 내 생애 최고의 날이기도 했지요. 당신 과 결혼하던 바로 그날, 하나님이 당신의 손을 잡고 내게 로 오시던 그날, 결혼식 주례를 해 주시던 하나님을 통해 나와 당신, 우리를 향한 하나님의 깊은 마음과 사랑을 내 온 영혼으로 느끼게 되었으니까요.

그날, 나를 향한 하나님의 지극한 눈빛엔 이러한 축복 이 가득 차 있다는 걸 느꼈지요.

"좋으니? 그래도 많이 놀란 표정이구나.
많이 좋으니? 그래, 네 돕는 배필이란다.
네가 혼자 사는 것이 여러모로 좋지 않았단다.

늘 마음에 걸렸었다.

자, 이젠 혼자가 아니란다.

잘 살아야 돼!

행복해야 한다. 알겠지?

그리고… 그리고…

아무리 좋아도 너무 아내 치마폭에만 있지 말고,

음…"

당신을 향한 내 마음을 아셨는지 뭔가 더 말씀하시려다가 어깨만 톡톡 치시던 하나님의 모습이 생생해요. 하나님과 나, 하나님과 우리 부부는 그렇게 어우렁더우렁 살았는데… 그것이 바로 에덴에서의 우리의 신혼생활이었네요. 이젠 꺼져가는 등불처럼 그렇게 희미한 기억 속에서나 하나님을 추억할 수밖에 없다니 안타깝기 그지없지요.

하나님을 닮도록 창조되어 하나님의 본성을 드러나게 하셨으나(창세기 1.27) 한 번의 불순종으로 다 잃어버렸어요. 그 이후 하나님께서 "이 사람이 우리 가운데 하나처럼 선에서 악까지 모든 것을 알게 되었다"(창세기 3.22a)고 말씀하셨듯 그래서 우리는 동산 나무 사이에 숨어 버렸지요. 이제는 만리타향에서 그저 회상만 하고 있는 형편이네요.

이제 곧 얼마 후면 당신 생일이자 우리 결혼기념일이 돌아옵니다. 에덴 밖에서 맞는 이 날이 당신에게 그리 기쁜 날만은 아닌 거 같아 이 편지를 전할 수 있을까 하는 생각도 드네요. 요즘은 아이들이 커가는 걸 보면 솔직히 조금은 겁이 나요. 죄 없는 온전한 하나님의 형상으로 시작한 우리도 지금 이 모습인데 죄와 함께 그 분의 형상을 잃어버린 저놈들이 걸어가야 할 고난의 세월을 생각하면 말이요. 아이고, 이런 넋두리를 하려고 시작한 편지가 아닌데.

그래도 더할 나위 없는 위로와 소망은 우리가 드리는 제사를 녀석들이 정성과 마음을 다해 이어주고 있다는 것이오. 당신도 종종 추억하며 말했었죠. 작년인가? 녀석들이 자기 침대 옆에 재우고 싶다던 그 어린 양을 제물로 드리던 날, 가인과 아벨이 내 품에 안겨 서럽게 울던 일 말이오. 그리고보니 이제 녀석들이 조금 더 자라면 분명 이런저런 질문보따리를 가지고와서 우리 무릎 위에 앉을 겁니다. 생각하면 아찔하네요.

"아빠, 우리에게 아빠가 있잖아,

그럼 아빠의 아빠도 있을 거잖아, 누구야?

아빠가 종종 드리는 제사라는 게 뭐야?

왜 양이 죽어야 돼?

하나님은 누구셔?

어제 들려준 에덴은 어떤 곳이야?

아빠 엄마 고향에 우리도 가 보면 안 돼?

선악을 알게 하는 나무와 생명나무는

어떻게 생겼어?

하나님은 지금 어디 계셔?

그분은 지금 뭐하실까?

하나님이 우리 집에 오신 적 있어?

우리도 하나님을 어떻게 만나는 지

가르쳐 줄 거지?

그런데 에덴에서는 뱀이 말도 했어요?"

이제 우리 부부에게서 점점 가족의 범위가 커져서 우리 아들들에게 부모라는 점을 생각해야 할 때 인가 보오. 내가 자꾸 에덴의 아픈 추억을 떠올리는 것은 언제까지나 우리네 가슴에 묻어두고 지나칠 일이 아니라는 까닭모를

하나님, 저 아담입니다

절박함 때문이에요. 당신이 휘청거리는 게 싫고 그것이 내게도 큰 아픔이기에 가급적 피해 왔지만요.

아주 가끔은 지난 세월을 내 마음대로 만들어내서 녀석들의 입에 넣어주고 싶은 유혹도 느낀답니다. 하지만 하나님이 지어주신 가죽옷을 기억할 때, 종종 우리의 제사를 받으시며 마음 깊이 어루만지시는 그분의 임재가 쌓여갈수록 우리들의 부끄러운 에덴의 초상을 있는 터럭만큼도 보태지 않고 전해주어야 한다는 사명감이 더 커지고 있습니다. 당장은 저들마저 무너져 버리게 만들 수도 있겠지요. 하지만 멀리 보면 오히려 우리와 우리 후손들이 우리의 부끄러운 이야기를 이해하고 받아줄 그런 튼실한 창고가 될 것이라 믿기에 오늘에야 내 마음과 생각을 당신에게 열어봅니다. 하나님을 속이고 시작된 죄가 다시 아들을 속이는 것으로 이어지게 할 순 없지 않소.

결혼기념일 선물은 늘 그랬듯 당신을 위한 것이야 하는데 이번엔 당신만을 위한 선물이 아닌 것 같아 미안하네요. 커가는 녀석들을 위해, 우리가 에덴에서 하나님의 주례로 결혼을 하던 날, "그러므로 남자가 부모를 떠나"^{(창세}

기 2.24a)는 것이라 알게 되었던 말씀처럼 이젠 녀석들도 독립해서 기거할 거처를 우리 집 왼편으로 난 저 양지바른 언덕에 새로 지어줘야 할 것 같은데 당신, 괜찮겠어요? 저렇게 장성하였으니 떠나보내는 것이 마땅하지요. 아들 놈들을 위한 게 우리를 위한 것이기도 하니 당신도 흔쾌히 동의해 주었으면 좋겠소.

에덴에서만 아니라 지금도 동일하게 당신은 나의 전부입니다. 비록 에덴에서만큼은 아닐지라도 당신이 아들놈들과 지내며 웃고 행복해 하는 모습을 보는 게 얼마나 큰 위로이며 기쁨인지요. 그것이 꽃보다 아름다운 당신의 본래 모습이에요. 이렇게 조금씩이나마 하나님 앞으로 나아가는 것이 익숙해지고 있어 감사합니다. 주께서 당신의 마음에 찾아오시고, 늘 변함없는 자비로 만져주시기를 빕니다. 다시 한 번 당신은 나의 전부임을 잊지 말아요. 진심입니다!

그럼 이만 총총.

나의 사랑이요, 돕는 배필인 아내에게
당신의 남편, **아담**으로부터

   하나님, 저 아담입니다

은혜의 통로로 삼아주셨네.

여러분은 아담이 어떻게 우리를 죄와 죽음이라는
딜레마에 처하게 만들었는지 들어서 알고 있을 것입니다.
죄와 죽음으로부터 자유로운 사람은 아무도 없습니다.
죄는 만물과 하나님과의 관계,
또 모든 사람과 하나님과의 관계에 해를 끼쳐 왔지만,
하나님께서 모세를 통해 자세히 상술해 주시기까지는
그 해가 어느 정도인지 분명치 않았습니다.
그처럼 죽음, 곧 우리와 하나님 사이를 갈라놓는 그 거대한 심연은,
아담으로부터 모세에 이르는 시간에도 위세를 떨쳤습니다.
하나님이 주신 특정 명령에 불순종했던 아담과 같은 죄를 짓지 않은 이들도
모두 이러한 생명의 끊어짐,
곧 하나님과의 분리를 경험해야만 했습니다.
그러나 우리를 이런 지경에 빠뜨린 아담은,
또한 우리를 거기서 구원해 주실 분을 앞서 가리키는 존재이기도 합니다.
그러나 우리를 구출하는 이 선물은,
죽음을 초래하는 그 죄와 비교가 되지 않습니다.
생각해 보십시오!
한 사람의 죄가 수많은 사람들을
하나님과의 분리라는 죽음의 심연에 밀어 넣었다고 할 때,
한 사람 예수 그리스도를 통해 쏟아 부어지는 이 하나님의 선물은
우리에게 어떤 것을 가져다줄까요?
죽음을 초래하는 그 죄와 넘치는 생명을 가져오는 이 선물은
서로 비교할 수 없습니다.

(로마서 5.12-15)

요 며칠 생각이 참 많다. 생각주머니가 닳도록 들락거리며 번민을 하지만 아직은 잘 모르겠다. 뭔가 모르게 허전하기도 하고 냉가슴만 앓는 거 같다. 그렇다고 물어볼 사람도, 터놓고 이야기를 나눌 사람도 없다. 하하, 그러고 보니 여기 내 애길 들어줄 사람도 없구나.

그렇다면 이건 고독이라는 이름의 병이 아닐까? 그럴지 모르겠다. 비유를 하자면 세상은 온통 무인도로 가득하고, 나는 그 중 한 외딴섬일 뿐이다.

하나님과 막혀있던 하늘 담장을 열심히 헐어내던 사랑하는 작은아들 아벨이 허망하게 한 줌 흙으로 돌아가고, 생명의 대를 잇게 하심으로써 出에덴의 저주와 고통으로부터 한 가닥 소망의 씨앗이었던 내 기력의 시작 큰아들 가인마저 지평선을 따라 그렇게 하나님의 품과 우리 곁을 떠나가 버렸다. 언제 그를 다시 만날 수 있을지, 아니 만날 수 있을지 조차도 알 수 없다. 더 정확하게 말하면 어디에 있는지, 뭘 하고 살아가는지 모르겠다. 이러고도 부모라 할 수 있을까. 이 넓은 땅에 아내와 나, 이제 다시 단 둘 밖에 남지 않았다. 정말이지 과연 내 인생 여정에 다시 희망이라는 걸 기대할 수 있긴 있는 것일까?

나는 에덴도, 아들들도 잃어버렸다. 남은 것이 있다면 절망을 꾸역꾸역 삼키며 초점 없는 눈으로 먼 하늘만 바라보는 아내 하와뿐이다. 이렇게 난 홀로 외롭게 거친 광야에 서 있다. 두렵다. 도대체 나는 왜 살아가야 하나? 다시 에덴으로 돌아갈 수 없는 긴 동굴을 지나듯 캄캄한 절망을 삼킨다. 내 힘과 능력으로 다시 되돌아갈 수 있는 길은 어디에도 없다. 혹여나 아니 찾는다 해도 되돌아갈 수는 없다. 만일 그 금단의 선을 넘는다면 순간 선악과 파동에 버금가는 일이 벌어질 것이다. 선악과 사건 때는 육신이 죽지 않았으나 이번엔 그것마저 아벨처럼 싸늘하게 식어버릴 수도 있다. 그래, 이건 이미 내 영역이 아니다. 그럼 과연 무엇이 문제지?

삶이라는 게 재미로 사는 건 아니지만 그래도 재미가 있어야 살맛에라도 의지하면서 살아가는 것 아닐까. 아, 그런데 솔직히 아무런 재미가 없다. 자고 일어나도 고민과 고통과 고독의 연속이다. 하나님께서 내게 중매하신 하와를 처음 만났을 때도 우리는 벌거벗었으나 부끄러워하지 않았던 그런 사이였다. 그런 아내와 얼굴은 마주하

고 살지만 아기자기하던 대화는 아득한 기억 너머에만 남
아았다. 지친 농사일을 마치고 마당에 들어서면 한달음으
로 달려와 내 품에 안기던 가인과 아벨의 모습도 이젠 빛
바랜 추억이 되어 버렸다. 어김없이 떠오르는 태양처럼
찾고 부르지 않아도 언제나 내 곁에 흘러넘칠 줄 알았던
가족, 그들이 주는 은혜의 샘이 어느 날 갑자기 예고도 없
이 가뭄에 갈라진 논바닥처럼 바싹 말라버렸다.

　난 장남 가인을 향한 원망이나 분노의 잔을 거둬들인
지 이미 오래다. 난 그럴 자격이 없는 아비니까. 뭐 그 정
도는 알고 있다. 내가 아들에게 물려준 건 죄의 씨앗이었
고, 그 씨앗은 아들의 성장과 함께 자라났다. 결국 그 녀
석이 거둔 것은 죄와 벌이라는 열매였다. 죽음으로부터
아벨을 지켜줄 능력도 없었으니 가인을 새롭게 할 힘도
내겐 전혀 없었다. 과연 내가 뭘 할 수 있을까. 땀 흘려 노
동함으로써 가족을 부양하고, 내 뒤를 이을 후손들에게
오늘날 우리 안에 있는 지난 죄의 비밀을 온 몸과 마음으
로 속죄하는 고백 말고는. 이미 내 안엔 죄인이라는 글씨
가 새겨져있다. 결코 다시는 의인으로 돌아갈 수 없는 죄

　　　　　　　　　　　　　　하나님, 저 아담입니다

인이라는 지워지지 않는 글씨가.

아, 그립다. 하나님이 동산을 가로질러 우리를 향해 다가오실 때, 맨발로 달려 나가 그분을 맞이하던 그 기쁨, 귀에 들릴 정도로 쿵쾅쿵쾅 뛰던 심장소리가 그립다. 내 고향이자 꿈이었던 에덴이, 동물들과 친구처럼 지내던 그 시절이 그립다.

남산만큼 불러오는 아내의 배가 가끔 이쪽저쪽으로 움직이던 걸 세상에서 가장 신기한 장면으로 기억하는 신혼 시절이 그립고, 가인이 태어나 걷고 옹알이를 시작으로 "엄마, 아빠, 하나님!"을 부르던 황홀한 그 시절이 그립다. 종종 내가 눈물로 드리던 제사를 보면서 자라 하나님을 예배하던 아들들의 맑고 깨끗하게 빛나던 눈빛, 하나 둘 아이를 낳을 때마다 범접할 수 없을 만큼 깊어져가던 아내의 내면세계가 아리도록 그립다.

이 추운 겨울, 탕자 가인은 어디서 뭘 하고 지내려나. 죄를 지어 하나님으로부터 더욱 멀어졌지만 그래도 내 그 아들이 그립다. 언젠가 다시 만날 날이 있을 테지. 아무리

못났어도 난 그의 아비이고, 불효했어도 그는 내 아들이다. 그 녀석이 떠나간 방향에서 들려오는 이런저런 소리가 예사롭지 않아 더 그렇다.

평범했던 일상의 삶의 호흡이 그립다, 감히 금단의 열매를 먹고 하나님과 같이 되는 걸 꿈꾸었다니, 지금 생각해도 그건 어리석고 무모한, 아니 패역한 행동이었다.

내가 에덴에서 홀로 지낼 때 없었던 두 가지, 하나는 돕는 배필이었고 다른 하나는 죄였다. 그때 하나님은 있어야 하지만 없는 것 하나를 아셨고, 나를 깊이 잠들게 하신 후 내 갈빗대 하나를 취하고 살로 대신 채우고 나서 여자 하와를 만드셨다. 그러나 하나님은 결코 있어서는 안 되는 것 하나, 바로 죄는 내게 주시지 않으셨다. 그것이 내게 왔을 때 어떤 결과가 이어질 지 전능하신 하나님이 모르실 리가 만무했다. 그런데 그 죄를 내가 내 의지, 내 마음, 내 생각대로 내게 불러들였다. 하나님이 금하셨는데도 불구하고 난 하나님과 같이 되겠다는 가당찮은 헛된 망상을 따라 내 영혼 안으로 죄를 밀어 넣었던 것이다.

이렇게 해서, 나 이후의 모든 인류는 죄를 지어서 죄인이기 보다는 죄인이기에 죄를 범하게 된 것이다. 하지만 나는 죄와 아무런 상관이 없는 사람이었을 때에 죄를 탐하고, 죄를 친구로 삼고, 지정의(知情意)를 다 동원하여 죄를 초대했다. 하나님과 같이 되는 것을 꿈꿨으니 죽은 목숨이나 마찬가지인데 그래도 긍휼하심을 입어 8대손을 보며 천년에 가까운 기나긴 세월을 살았다.

가끔 사람들이 사도신경을 외울 때면 본디오 빌라도만이 언급되는 게 얼마나 다행인가 싶으면서도 쥐구멍이라도 찾고 싶을 만큼 부끄러움과 죄스러움에 온 몸을 떤다. 살아있음이 가장 큰 형벌이라는 생각까지 들었으니 무슨 말이 더 필요하랴.

세상은 점점 흉흉해져만 간다. 다 내 탓이겠지. 가인과 그의 후예들에게서 들려오는 소문들이 심상찮다. 하긴 지금 누가 누굴 걱정할 땐가. 누굴 걱정할 만큼 나도 온전하지 않다. 낳은 게 능사가 아니란 걸 실감하니까 이젠 자식을 낳는 게 겁부터 난다. 주위 어디를 둘러봐도 모두 내 자식들이고, 손자들이다보니 누구를 붙들고 속내를 터놓을 사람이 없구나. 그래서 더 고독하다고 느껴지나 보다.

갈수록 죄악의 늪으로 빠져 들어가는 에덴 바깥 세상을 그저 애처롭게 바라만 볼 뿐 정작 이것을 해결할 수 없다는 사실이 안타까울 뿐이다.

자식은 실수하고 실패해도 시간이 지나면 다시 당당해지고, 또 언제 그랬냐는 식으로 망아지처럼 훌쩍 일어설 수 있다. 하지만 부모는 한 번 무너지면 자식 볼 면목이 없는 법이다. 그래서 더 회복의 길이 없다고 느껴진다. 하나님께 죄를 지어 에덴에서 쫓겨났고 온 인류로 하여금 그 죄의 값을 지불하며 살도록 만들어 버렸으니 난 후손들 앞에 떳떳하게 어깨 펴고 지낼 수 없는 처지이다. 아무도 대놓고 날 원망하거나 정죄하지 않았지만 난 늘 고개를 숙이고 살았다. 이런 것이 자격지심이겠지.

가인과 아벨, 두 자식을 기르면서 난 크게 깨달은 것이 있다. 우리 부부가 하나님의 명령을 거역하고 하나님을 떠났지만 하나님은 우리를 떠나지 않으셨다는 사실이다. 하나님이 가인과 그의 제물을 받지 않던 날, 가인은 분노하며 심히 언짢아했다. 하지만 난 그런 반응을 보인 가인에게 뭐라 따끔하게 얘기를 해야 했지만 정작 아무 말도 하지 못했다. 못났어도 내가 나섰어야 했고, 녀석이 아비의 말을 안 들으려 해도 어떻게든 쓴소리를 해서라도 아버지와 같은 길을 가는 건 막았어야 했다.

그런데 놀라운 일이 일어났다. 에덴 밖, 우리 네 식구가 살고 있는 조그만 오막살이에 하나님이 찾아오셨다. 얼마나 오랜만인가? 죽기 전 한 번이라도 그분을 뵈올 수 있기를 그 얼마나 갈망했었나. 그러고 보면 하나님은 내가 에덴에서 범죄를 저질러 타락했을 때, 그때도 우리를 찾아오셨었다. 그리고 지금, 예배에 성공한 아벨이 아닌 가인이 예배에 실패한 후 결국엔 자신의 예배를 받지 않으신 하나님께 분노하고 있을 때에 그를 찾아오셨다.

하나님이 가인에게 말씀하셨다.

"어찌하여 화를 내느냐?

언짢아하는 까닭이 무엇이냐?

네가 잘하면, 내가 받아들이지 않겠느냐?

네가 잘못하여서

죄가 숨어 너를 덮치려고 하니,

너는 죄를 다스려야 한다." (창세기 4.6-7)

그럼에도 불구하고 가인이 아벨을 덮쳐서 그를 죽이고 말았다. 더 놀라운 것은, 그리고 그 후에도 하나님이 그런 가인을 또 다시 찾아오셨다는 점이다.

하나님이 가인에게 물으셨다.
"네 아우 아벨이 어디 있느냐?" (창세기 4.9a)

그때에도 난 오막살이 돌담 뒤에 숨어 얼마나 울었던가. 하나님이 오셨음에도 그분 앞에 당당하게 나아갈 수조차 없는 죄인의 모습이었다. 하지만 단지 슬픔 때문에 운 것만은 아니었다. 아비인 내가 해야 할 그 일을 하나님이 친히 찾아와 해 주시는 것에 대한 형언할 수 없는 감동과 감격과 감사 때문이기도 했다. 이를 통해서 더 분명하게 알게 된 것은 실패하고 넘어졌어도 그분은 우리 인생을 포기치 않는 분이시라는 점이다.

그렇다면 앞으로도 내가 혹 실패하고 실수하여 실족한다할지라도 그분은 그 못남을 오히려 인자와 사랑으로 품어주시는 무한한 자비의 통로로 사용해 주실 것이다. 그 때문에 그분 뒤에 숨어 한 없이 울부짖었다. 그랬다. 하나님은 우리가 드리는 예배를 다 보고 계셨다. 예배자의 마음과 심령 깊은 곳까지 다 살피고 계셨던 것이다. 그리고 어떻게든 우리가 드리는 잘못된 예배를 바로잡아 주고 싶어 하신다는 것을 느낄 수 있었다. 때문에 비록 죄인이지만 하나님 안에 있다면, 죄 가운데 살아간다할지라도 하나님 안에서 예배를 드리는 자로 그분 앞에 나아간다면, 게다가 설령 그 예배가 가인처럼 실패한 예배가 된다 할지라도 하나님은 그 예배자를 찾아 오사 그를 바른 예배자로 세워가기를 기뻐하는 분임을 깨달아 가고 있다.

그날 이후, 나에게 가장 깊은 고독의 공간은 예배로 채워갔다. 감사하고, 행복하고, 기쁠 때에만 하나님을 예배할 수 있을 줄 알았다. 하지만 그렇지 않았다. 다시 일어서고 싶지 않을 만큼 고독하고, 아프고, 힘들고, 절망하고, 탄식할 때, 바로 그 때에도 하나님은 당신을 향해 예배의 무릎을 꿇는 자를 만나주시는 분이셨다. 그랬다, 실패마저도 하나님을 뵈올 수 있는 통로인 것을 이 깊은 절망과 고독에서 비로소 다시 찾아낸 것이다.

07 | 믿음의 계보를 이을 셋째아들을 주시다.

아담이 다시 자기 아내와 잠자리를 같이했다.
그녀가 아들을 낳고 그 이름을 셋이라고 했다.
그녀가 이렇게 말했다.
"가인에게 죽은 아벨을 대신해서
하나님께서 내게 또 다른 아이를 주셨다."
셋도 아들을 낳고 그 이름을 에노스라고 했다.
그때부터 사람들이 하나님의 이름으로 기도하고 예배하기 시작했다.

(창세기 4.25-26)

내 나이 벌써 일백하고도 삼십 세에 가까운 생의 수레바퀴를 돌고 있다. 지난 세월이 파노라마처럼 지나가면서 다시 눈을 떴다. 아직 밖이 어두운 걸로 봐 새벽이 오기에도 조금 이른 시간 같다. 나이가 들어가면서 아침에 일어났을 때 컨디션이 별로 좋지 않은 것 같다. 그리고 특히 요즘 이런 날들이 많아지고 있어 좀 찜찜하다. 작은아들 아벨이 형 가인에 의해 고목처럼 쓰러진 게 몇 십 년이 지났는지를 새삼스럽게 손가락으로 헤아리는 것까지가 꿈

하나님, 저 아담입니다

이었나 보다.

눈엔 물기가 촉촉하고, 생각은 뒤숭숭하고, 마음은 씁쓸하고, 가슴은 먹먹하다. 아벨을 생각하면 여호와 앞을 떠나 에덴 동쪽 놋 땅에 거주하는 외톨이 장남 가인이 눈에 밟히고, 가인이 그리우면 흙이 아니라 가슴 깊은 곳에 묻어둔 차남 아벨이 뜨거운 불이 되어 걸어 나온다.

이게 모두 그 몹쓸 죄 값이겠지. 심은 대로 하나씩 거두고 있으니 누굴 탓할 수도 없다. 이 긴 목숨을 어찌하리오. 언제쯤 이 소용돌이치는 가슴앓이로부터 벗어날 수 있을까. 과거는 부끄럽고, 미래는 불안하다. 엉켜버린 실타래를 도대체 어디서부터 풀 수 있을까. 이럴 때일수록 휘청거리는 삶의 몰골을 들키지 않으려고 아내의 마음 바깥을 뱅뱅 돌며 텅 빈 외로움 안에 나뒹굴곤 한다. 이런 걸 죽음에 이르는 병이라고 하나?

:: 에덴을 넘어

내 아들 아벨은 아주 어릴 때부터 참 특별했다. 자랄 때 천지창조, 에덴, 그리고 하나님에 대한 이야기를 해 주다가도 선악과 이야기 언저리만 오면 아빠의 자격지심 탓에, 혹여나 하나님을 오해하게 되지는 않을까 하는 노파심에 언제나 멈칫거렸다. 그러나 아벨은 내 믿음 없는 우려와 달리 오히려 더 하나님을 갈망하는 깊이가 더해만 갔다. 그는 아직 식지 않은 모습으로 내 심장 가장 깊은 기억 속에 남아있다. 앞으로 얼마나 더 남았을까, 아니 내 심장이 멈추는 날까지 내 마음에서 아벨을 떠나보낼 자신이 없다.

한 때 녀석에게서 그 분의 향기가 풍겨나는 바람에 난 내 나이만큼 케케묵었던 절망과 좌절을 오래된 먼지를 털어내듯 조금씩 털어버리고서 아벨이 호흡하는 희망으로 조금씩 채워갔다. 그는 우리와 달리 죄(罪) 아래 태어났으나 의(義)를 노래할 수 있다는 것에서 새로운 가능성을 발견했고, 내 심령까지 흔들어 놓기에도 충분했다. 에덴 밖에서도 하나님을 체험할 수 있다는 놀라운 사실이 나를 가슴 뛰게 했다. 하지만 그 희망이 가인이 아닌 아벨에게서 시작되고 있어서 겉으로 표를 낼 수는 없었다. 이렇게 녀석은 하나님에 대한 뿌연 기억을 다시 선명하고 향기롭게 바꿔준 아담 가문의 선교사였다.

:: 물거품으로 사라진 희망

　봄이 지나고 첫 곡식을 거둘 무렵이었으니까 여름이 오는 길목이었나보다. 이불에 지도를 그리던 게 엊그제 같던 두 아들은 어느덧 양을 치는 일도 여간 잘 돕는 게 아니었다. 또 네 식구가 먹고 살아야 하는 힘든 농사일도 녀석들과 함께 하니 훨씬 수월해졌다. 모두 내 몫이라고만 생각했는데 이렇게 가족이 힘을 합하고 마음을 모으니 못할 일도 없겠다는 희망이 움텄고, 그 자리만큼 에덴 콤플렉스도 수그러들고 있었다.

　그러던 어느 날엔가, 그렇게 가까스로 쌓았던 희망은 물거품처럼 사라졌다. '꿈돌이' 아벨이 형 가인에 의해 다시 흙으로 돌아가자 아내는 또 다시 절망의 그림자 뒤에 숨어버렸다. 차라리 죽는 게 더 나았을 거란 듯 에덴 이후의 세상을 가냘픈 호흡에 보듬고, 마치 독을 먹은 짐승 마냥 데굴데굴 뒹굴었다. 내 아픔을 드러낼 틈은 주어지지 않았다. 저러다 아내마저 그렇게 가버릴까봐 가슴 한쪽엔 가인을, 그리고 반대쪽엔 아내를 품고 그저 말없이 견디어야 했다. 그래 그랬다. 죽음이라도 품고 견딜 수밖에 없는 그런 시간들이었다.

아, 가여운 나의 아내!

아내는 가끔 "가인까지 잃게 되면 저는 더 살아갈 희망이 없어져요. 그러니까 차라리 없는 자식을 탓하더라도 살아있는 아들 마음 다잡고 살 수 있도록 품어 주어요. 그래도 우리 아들이잖아요. 사랑하는 아들이요. 우리 아니면 세상 누가 저 놈을 돌아보겠어요. 우리에겐 그나마 하나 밖에 없는 아들이잖아요."라고 울면서 부르짖었다.

죄를 시작한 부모와, 죄로 시작한 아들 가인만 남았다. 똑같이 죄로 더불어 시작한 아들이었으나 그 죄를 거슬러 의를 시작하려던 아벨은 떠났다. 그리고 가인마저 하나님의 명령을 받고 우리 곁을 홀연히 떠났다. 그즈음 우리 부부는 하나님에 대한 갈급한 마음으로, 고향에 대한 그리움으로, 가인과 아벨 두 아들에 대해 죽음보다 강력한 죄책감으로 몸부림쳤다. 살아있으나 죽음보다 못한 상황이었고, 이름은 있지만 실상은 죽은 것과 다를 바 없는 그런 세월들이었다.

나와 아내, 우리 부부의 죄가 세상으로 하여금 죄를 시작하게 했듯이 내 기력의 시작인 가인의 죄가 아벨을 삼킨 구실은 아이러니하게도 두 아들이 하나님을 예배하는 것으로 올라간다. 두 아들이 자라서 가인은 농부가 되었고, 아벨은 양을 치는 목자가 되었다. 그리고 시간이 흘러 가인은 자기 밭에서 거둔 곡식으로, 아벨은 자신이 기르는 양 떼의 첫 새끼 가운데서 가장 좋은 부위를 골라 하나님께 제물로 드렸다. 하지만 하나님께서 아벨과 그 제물은 반기셨으나, 가인과 그 제물은 반기지 않으셨다.

그러자 가인은 화를 내며 언짢아했다. 하나님은 비록 그의 예배는 받지 않으셨지만 놀랍게도 그런 예배를 드린 가인에게 찾아오시어 가인과 제물에 대한 멘토링까지 해주셨다(창세기 4.6-7). 하지만 가인은 예배에도 실패했고, 하나님의 심방으로 돌이킬 수 있는 기회의 메시지까지 받았지만 급기야 가인이 아우 아벨과 말다툼을 했다. 그들이 들에 나갔을 때, 가인이 아우 아벨을 덮쳐서 죽이고 말았다. 그리고 하나님은 다시 가인을 찾아오셨으며, 가인은 제 갈 길을 가고야 말았다.

그래, 아내가 옳았다. 차라리 죽도록 몽둥이라도 쳐서 돌이킬 수 있는 녀석이었더라면, 그래서 돌이킬 여지라도 있어 보였고 그래도 될 성 싶은 나무라는 확신이 들었다면 아마도 이미 수 십 번은 그렇게 했을 거다. 하지만 두 눈을 시퍼렇게 치켜들고 하나님에게도 겁 없이 말대답을 하는 완악함과 비뚤어진 심성을 보고나자, 아무리 부모라도 우리가 할 수 있는 일이 없다는 걸 알았다.

그렇다면 우리는 도대체 가인을 어디서부터 놓쳐 버렸을까.

:: 아벨처럼

그 즈음 아내에게 셋째가 들어섰고, 덕분에 두려움 반 기대 반으로 출산을 준비하다보니 널브러져 넋 놓고 있을 틈이 없었다. 그래 그게 불행 중 다행이라는 말이구나. 하지만 난 안다. 또 다시 우리를 닮은 죄인이 하나 더 늘어날 지도 모른다는 극도의 공포와 두려움까지 함께 잉태하고 있다는 것을. 그나마 '아벨'을 닮았으면 하는 바람이지만 혹시라도 가인의 성품을 더 가지고 태어난다면 앞으로의 세월은 다시 반복되는 암흑의 씨앗일 수밖에 없을 것이다.

사랑과 희망이었던 아벨, 그가 남은 가족에게 주고 떠

난 것이 결국 절망이었다면 셋째라고 다르다는 법은 없지 않은가. 솔직히 좀 두렵기도 하다. 똑같이 배 아파 낳은, 세상 천지에 우리를 닮은 건 가인이 처음이었다. 그랬으니 세상 최초의 부자(父子) 사이에 할 수 있는 한 모든 것을 다 주었다. 그럼에도 불구하고 '죽고 죽이는 것'을 염려하는 참혹한 사이로 추락한 것 때문에 하는 말이다.

사랑했던 아들 아벨! 미안함과 후회스러움만 남아있는 가인! 하지만 이제 녀석들의 동생에게만은 더 부끄럽지 않은 아비가 되고 싶다. 언젠가 나도 하나님께서 부르시면 아벨이 먼저 가 있는 곳으로 가겠지. 그때 우리 부자의 만남의 감격을 위해서라도 이 아린 삶의 초라함과 죄스러움을 이겨내며 살아보려 한다. 아벨이 준 희망과 행복을 이제 곧 태어날 동생을 통해 다시 맛보고 싶은 아비의 이 소박한 꿈을 하나님은 아실까? 요즘 이런 떨리는 맘으로 하나님 앞에 선다.

아벨과 함께 했던 짧은 세월이 솔직히 그립다. 녀석은 내게 올 수 없지만 나는 놈에게 갈 수 있으니 130년에 가까운 시간들이 그리 헛되지만은 않겠지. 지나간 세월들을 탓하고 후회한들 달라질 게 없잖은가. 그렇다고 무작정 미래를 희망으로만 품을 수도 없다. 난 이렇게 둘째와 셋째 사이에서 새장에 갇혀버린 새처럼 퍼덕거리고 있다.

다시 시작될 셋째 아이와의 생활이 겁나고 때로 두렵기까지 하다. 하지만 자연의 이치처럼 아픈 만큼 상처 난 그 자국에서 새 순이 돋을 거라 믿는다. 희망을 가져본다면 나도 이제 부모로서 성취감을 갖고 싶다.

아, 오늘따라 아벨이 자꾸 마음에 밟힌다. 가인은 물론 더 말할 것도 없고. 어쨌거나 떠나버린 두 자식과 우리 품으로 곧 오게 될 자식 사이에서 모진 이 한 목숨, 가빠오는 숨을 고르고 있다.

더 괴로운 것은 셋째를 임신하고서 얼마 지나지 않아 우울증을 앓는 것처럼 보이는 아내 하와를 위해 남편으로서 아무 것도 해 줄 수 없다는 것이다. 아무런 도움이 되지 않는다는 절망감이 오히려 아내에 대한 격분으로 나타나기도 한다. 그럴 땐 '내 한 목숨 붙들고 가기도 벅찬데 당신까지 이러면 도대체 어떡하냐'고 소리치고 싶은 감정

    하나님, 저 아담입니다

이 내 안에서 꿈틀거리는 걸 간신히 참아 누르고 지나간다. 나는 내 안에 똬리를 틀고 있는 보이지 않는 죄와 싸워야 하고, 만삭이 되어 몸도 마음도 심령도 어쩌지 못해 뒤척거리는 아내 곁에서는 '난 아무렇지도 않아!'라는 표정을 되뇌며 뻔히 보이는 죄와 사투해야 한다. 나는 오늘도 나와 우리 가정과 가족을 지켜야 하는 삶으로의 숙제를 받아들고 이렇게 세상 한 가운데 서 있다.

08 | 두 번 나를 찾아오신 하나님

하나님께서 가인에게 물으셨다.
"네 아우 아벨이 어디 있느냐?"
가인이 대답했다.
"제가 어떻게 알겠습니까? 제가 그를 돌보는 사람입니까?"
하나님께서 말씀하셨다.
"네가 무슨 일을 저질렀느냐?
네 아우의 피가 땅에서 내게 울부짖고 있구나.
이제부터 너는 이 땅에서 저주를 받게 될 것이다.
땅이 두 팔을 벌려 살해된 네 아우의 피를 받았으니,
너는 이 땅에서 쫓겨날 것이다.
너는 정처 없이 세상을 떠도는 자가 될 것이다."
가인이 하나님께 아뢰었다.
"그 형벌이 제게 너무 가혹합니다.
저는 그것을 감당할 수 없습니다!
하나님께서 저를 이 땅에서 쫓아내셨으니,
제가 다시는 하나님을 뵐 수 없게 되었습니다.
제가 정처 없이 세상을 떠돌면,
만나는 사람마다 저를 죽이려고 할 것입니다."
하나님이 그에게 말씀하셨다.
"그렇지 않다,
누구든지 가인을 죽이는 자는 일곱 배의 벌을 받을 것이다."
하나님께서 가인을 지키기 위해 그에게 표를 해주셔서,
어느 누가 그를 만나더라도 그를 죽이지 못하게 하셨다.
(창세기 4.9-15)

하나님, 저 아담입니다

내 이름은 가인이다. 나의 부모님은 인류의 첫 사람, 아담과 하와다. 나는 아버지 아담과 어머니 하와 사이에서 태어난 아담의 장자, 곧 1대손이다. 하지만 족보는 '아담은 가인을 낳고, 가인은 에녹을 낳고'로 이어지지 않는다. 물론 나로 시작되는 가인의 족보는 에녹, 이랏, 므후야엘, 므드사엘, 라멕으로 이어지고 있지만. 한동안 나 역시 내 이름을 건너뛰고 '아버지 아담에서 동생 셋으로' 이어지는 족보의 흐름이 잘 이해되지 않았지만 분명 인류의 족보, 그러니까 아담의 족보를 이어받는 건 가인이 아닌 동생 셋이다. 거기엔 부끄러운 비밀이 숨어 있다. 언젠가 한 번은 토해 내야 할 내 수치스러운 이야기 말이다.

:: 가인과 아벨

나는 하나님께서 부모님을 에덴에서 쫓아내신 후에 태어났기 때문에 에덴을 본 적이 없다. 하지만 부모님은 종종 지상낙원이라는 에덴 이야기를 해 주셨다. 때론 두 분 사이에 오가는 대화에서였지만 신기하게도 어릴 때는 부모님들이 하시는 얘기가 또렷이 잘 들리는 통에 저절로 알게 되었다. 자라면서는 "아빠, 제가 태어났을 때 얘기 좀 해 주세요. 엄마, 제가 뱃속에 있을 때 어떻게 지내셨어요. 뭐가 제일 힘드셨나요? 오래 전부터 참 궁금한 게 있는데, 부모님에게는 없는 배꼽이 왜 우리에게는 있는 거예요? 엄마, 저 어렸을 때 이야기 좀 해 주세요. 그리고 자주 에덴, 에덴 하시는데 그곳은 도대체 어떤 곳이에요?" 등 이런저런 참 많은 질문을 하면서 태초와 둘러싼 에덴을 상상하고 그려왔다.

한편 내 바로 밑에 아벨이라는 동생이 있었고, 후에 또 다른 동생 셋이 아버지 나이 130세에 태어났다. 그리고 그 뒤를 이어 셀 수 없는 동생들이 태어났지만 유감스럽게도 난 내 동생들을 알지 못한다. 단 한 명, 아벨을 제외하고는. 동생 아벨은 셋이 태어나기 전에 먼저 저 세상으로 갔다. 흠, 이 얘기를 하자면 아직 아물지 않은 내 영혼의 상처를 꺼내놔야 하는데…

아버지 아담은 한동안 어머니를 지켜야 하는 부담과, 생존이라는 또 하나의 현실을 붙들고 외롭게 홀로 싸우셨다. 아버지의 뼈에서 만들어진 어머니와 둘이 한 몸이 되

     하나님, 저 아담입니다

셨음에도 불구하고, 어머니의 죄로부터 만들어진 죄와 타락 때문에 하나님과의 분리라는 돌이킬 수 없는 구렁으로 추락한 이후 두 분은 더 이상 전과 같은 한 몸이 아니셨다.

그랬으니 함께 사는 게 얼마나 힘드셨을까. 그럼에도 가정과 부부라는 에덴의 언약은 그대로 유지되었다는 점이 에덴 밖에서 두 분이 살아갈 수 있는 한 가닥 희망이었다.

하나님은 어머니 하와를 아버지의 갈빗대에서 만드셨지만 이 두 분 이후의 사람은 모두가 다 여자의 몸에서 태어나야 했다. 하지만 여자 홀로는 결코 자식을 낳을 수 없는 것 아닌가. 바로 이것이 '해산의 고통' 속에서 아이를 낳을 것이라는 말씀의 의미다.

장남인 내가 태어나면서 출생의 비밀을 알게 되었고, 내가 어느 정도 자란 이후에 어머니 하와는 또 내 동생, 그러니까 아벨이라는 이름의 동생을 낳았다. 에덴을 나설 땐 단 둘이었는데 벌써 네 식구가 되었다. 감사하고 놀랍게도 우리 둘은 건강하게 잘 자라갔다. 동생 아벨은 양을 치는 목자로 성장하고, 장남인 나는 농사를 지었다. 아버지 아담을 도와가면서 동시에 각자의 자리를 잡아가는 우리 둘을 바라보는 것이 두 분의 행복이자 기쁨이셨다.

우리 형제가 무럭무럭 자라가고, 가정과 생활의 리듬이 안정을 찾아갈수록 아버지는 종종 하나님을 그리워하는 숨길 수 없는 영혼의 몸부림을 하셨다. 그리고 언젠가 에덴에서 당신들의 부끄러움인 죄를 가려주시기 위해 하나님께서 가죽옷을 지어 입히던 그때를 묵상하곤 하셨다. 허물과 죄를 가려주기 위해 제물이 되었던 가죽옷의 비밀을.

:: 부전자전(父傳子傳)

그날 이후 아버지는 가죽옷을 지어 입을 때마다, 하나님이 그날 의식을 행하실 때 한 어린 양의 죽음과 자신의 부끄러움이 가려지는 신비한 경험을 제물 삼아 하나님께 올려드리곤 하셨다. 부모님은 죄인이 되어 죄인의 모습으로 드릴지라도 당신과 제물 모두를 받으시는 하나님을 경험할 때마다 또 다른 차원에서 그 분을 경험하시는 것 같았다. 이것은 우리가 커가면서 조금씩 알아가고 배워가는 거룩한 의식이 되곤 했다. 이것이 바로 잃어버렸던 하나님과 인간 사이의 회복의 씨앗이라고 아버지는 굳게 믿으셨다.

다시 얼마의 세월이 흘렀을까. 부모는 자식을 낳지만

자식은 자연스럽게 그 부모를 배우고 또 닮아간다. 그래서 부전자전이라고 하겠지. 나는 내 밭에서 거둔 땅의 열매를 하나님께 제물로 가져왔고, 아벨도 자신이 기르는 양 떼 중에서 첫 새끼인 어린 양과 기름을 제물로 가져왔다. 아버지 아담이 그러했던 것처럼 말이다. 그런데 이날 하나님께서는 아벨과 그의 제물은 받으셨지만 나와 나의 제물은 받지 않으셨다.

나는 내 제물이 받아들여지지 않은 것 때문에 울분을 쏟아냈지만, 미처 알지 못한 것이 있었다. 하나님께 제사로 나아갔을 때 하나님은 제물만 받는 것이 아니라는 사실을. 그렇다면 제물이 아니라 제사를 드리는 내 자신에게 문제가 있었다는 얘기다. 그걸 진작 알았다면 내가 제사 이후에 억울해하며 화를 내거나, 언짢아하지 않았을지 모른다.

그러나 하나님은 나를 정확하게 보고 계셨으며 제사와 제물, 그 무엇보다 이를 행하는 사람, 즉 제사자에 대해 이번 기회에 가르치고 싶으셨던 거 같다. 하나님께서 나에게 하신 말씀이 이를 증거한다.

여기서 나는 나 자신을 다스렸어야 했다. 내 마음에서 차오르는 분노와 죄의 소용돌이를 하나님의 말씀으로 제어할 수 있어야 했다. 아직 행동으로 옮기기 전에도 기회는 충분히 있었다. 나는 이미 예배자로 하나님께 나아가고 있었으니까.

그러니 싸워야 할 대상은 아벨이 아니라 내 자신이었다. 기껏 예배를 드렸지만 하나님이 받지 않으셨다는 것이 몹시 기분이 상해서 그 화를 제일 만만한 동생 아벨에게 풀고 싶었는지 아벨에게 말다툼을 걸었다. 내가 드린 예배를 하나님께서 받지 않으신 것은 결국 내 자신과 하

하나님, 저 아담입니다

나님 사이의 문제인데 그 불똥이 아벨에게 튀었다. 그것도 하나님이 하신 말씀이 아직 채 내 가슴과 심장에 남아 있을 때에, 아벨 때문이 아닌 걸 알면서도 말이다.

그랬다. 아벨은 제물이 아닌 제사를 드리는 자신에 초점을 맞췄고, 나는 제물에 중심을 둔 제사에 집중했다. 내가 감정적으로 폭발한 것은 내가 생각하는 제물도, 아벨이 말하는 제사를 드리는 자의 마음가짐도, 그러니까 나의 이 둘 모두가 하나님이 받을 수 없는 형편없는 것이었나 하는 비관 때문이었다. 아벨은 다른 건 다 유연하게 반응하면서 유독 하나님과 연관된 제사에서만큼은 완강한 모습을 보였는데 이런 모습이 나의 증오를 더욱 부채질했다. '그래도 내가 형인데...' 하는 못난 괘씸죄가 발동했던 것이다.

우리는 악한 자와 손잡고

자기 동생을 죽인 가인처럼

되어서는 안 됩니다.

그가 왜 동생을 죽였습니까?

그는 악한 일에 깊이 빠져 있었고,

그의 동생이 한 행위는 의로웠기 때문입니다.

그러니 친구 여러분,

세상이 여러분을 미워해도 놀라지 마십시오.

이런 일은 오래전부터 계속 있어 온 일입니다.

(요한일서 3.12-13)

하나님, 저 아담입니다

미움과 증오는 사랑보다 더 강했다. 한편 제사 후, 하나님의 1차 경고가 있었음에도 난 아우 아벨과 말다툼을 했다. 나는 아벨을 들로 불러냈고, 아벨은 순순히 나를 따라 나왔다. 또 다시 격렬한 언쟁이 이어졌고 급기야 나는 내 분을 참지 못하고 아우 아벨을 쳐서 죽였다. "반드시 죽으리라"(창세기 2.17b)는 언약은 순식간에 이루어지고 말았다. 하나님의 선언이 나로 인해 성취될 줄은 꿈에도 몰랐다. 불과 얼마 전까지만 해도 하나님을 예배하던 에덴 밖 들판은 하나님 명령에 불순종함으로 또 다시 붉게 물들었다. 죄는 에덴을 지나 들판으로 번져가고 있었다.

나는 하나님을 예배할 줄 아는 사람이었고, 내가 드린 예배가 하나님께 거절되었을 때 즉시 분노하고 언짢아했지만 하나님은 이런 날 찾아와 바른 길을 갈 수 있도록 알려 주셨다. 하지만 하나님이 내민 이 사랑의 손길을 동생 아벨을 죽이는 것으로 밖에 보답하지 못했다. 내가 비록 죄인일지라도 다시 선을 행하는 자로 살아가야 하고, 죄를 다스리고 일상의 예배자로 살아가라는 하나님의 메시지를 거부한 것이었다. 이렇게 나는 무너져 버렸다.

이번에도 하나님은 먼저 나를 찾아오셨다. 제사는 받지 않으시던 하나님께서 또 다시 찾아오신 것은 정말 뜻밖이었다. 제사 이후라면, 결국 제사를 드린 나에게 문제가 있었다는 것 아닌가. 하지만 이번엔 제사 이야기가 아니었다.

"네 아우 아벨이 어디 있느냐?"
"제가 어떻게 알겠습니까?
제가 그를 돌보는 사람입니까?"

느닷없이 물어오는 하나님의 목소리에는 단호함이 묻어 있었다. 이미 알고 물어보시는 하나님이라는 걸 알면서도 작심한 것처럼 나는 하나님과 각을 세웠다. 사실 내 가슴 깊은 곳 어딘가에서 '이러면 안 된다'는 양심의 소리도 듣긴 했지만 난 이미 하나님 밖으로 멀리, 그것도 작심한 듯 나가버렸다.

이제 내가 아담족보에 들지 못하는 이유가 밝혀진 것 같다. 하나님이 죄인으로 태어나 죄와 더불어 살아가는 내게, 그것도 예배에 실패한 이후에 다시 나를 찾아오셔

하나님, 저 아담입니다

서 반복될 수 있는 실패를 예방해 주시려고 미리 말씀해
주셨지만 나는 죄를 다스리는 자가 아닌 죄를 행하는 자
로 추락해 버렸다. 이렇게 해서 아담이 가인을 낳은 후라
는 아담의 계보는 더 이상 이어질 수 없었던 것이다.

하나님께서 내게 말씀하셨다 :

"네가 무슨 일을 저질렀는지
모른다고는 하지 않겠지?
네 아우의 피가 땅에서 내게 울부짖고 있는
피맺힌 절규가 네게도 들리느냐.
네 아버지 아담이 죄에 따른 벌을 받았듯이
너 역시 죄를 받아야만 한다.
이제부터 너는 이 땅에서
저주를 받게 될 것이다.
땅이 두 팔을 벌려
살해된 네 의로운 아우의 피를 받았으니,
너는 이 땅에서 쫓겨날 것이다.
이제부터 네가 땀을 흘려 땅을 일구어도,

땅은 네게 더 이상 좋은 것을
내주지 않을 것이다.
너는 정처 없이
세상을 떠도는 자가 될 것이다." (창세기 4.10-12)

그러자 내가 하나님께 아뢰었다 :

"이 형벌은 제게 너무나도 가혹합니다.
저는 그것을 감당할 아무런 힘이 없습니다!
하나님께서 저를 이 땅에서 쫓아내셨으니,
제가 다시는 하나님을 뵐 수 없게 되었습니다.
더 두렵고 떨리는 것은
이제 제가 정처 없이 세상을 떠돌게 되었는데,
나를 만나는 사람마다
저를 죽이려고 할 것입니다." (창세기 4.13-14)

나는 어떻게든 하나님과 이야기를 나누는 관계가 되
고 싶었는지도 모른다. 직감적으로 오늘이 하나님의 음성
을 듣고, 그분의 말씀 앞에 서 있는 마지막일 수도 있다는

하나님, 저 아담입니다

느낌이 들었기 때문이다. 그런 나에게 하나님은 마지막으로 더는 토를 달 지 못하게 강렬한 메시지로 말씀하셨다.

"아니다, 가인! 결코 그렇지 않다.
누구든지 너를 죽이는 자는
일곱 배의 벌을 받을 것이다." (창세기 4.15a)

하나님께서 나를 지켜주시려고 표를 해주셔서, 어느 누구를 만나더라도 나를 죽이지 못하게 하셨다. 나는 의인 아벨을 죽였지만 하나님은 죄인인 나를 끝까지 품어 주신 거다. 나는 하나님의 경고에도 불구하고 끝내 죄를 들판에 심었지만 하나님은 그 죄의 형벌로부터 나를 지키는 표를 해주시고서 나를 떠나셨다. 마침내 하나님을 더 이상 뵐 수 없게 되었다. 이제 내게 남은 것이 있다면 하나님이 주신 표뿐이었다.

그러나 미래는 암담했다. 내가 아벨을 죽였듯이 나도 누군가에게 죽게 될 수도 있다는 가능성 때문이었다. 하나님은 우리 부모님이 에덴에 거할 때만 찾아오신 게 아니었다. 죄를 범하고 出에덴 한 이후에도, 특별히 제사에 실패한 나에게도 하나님은 찾아오셨고, 더 놀라운 것은 하나님의 경고의 나팔에도 불구하고 의로운 동생 아벨을 죽인 살인자였을 때에도 그분은 나를 찾아오셨다.

그날 이후 내게 남은 것은, 내가 죄를 범한 죄인임에도 불구하고 내게 주신 당신의 표였고, 사람을 죽였음에도 그런 죽음으로부터 나를 보호해 주실 것이라는 약속이었다. 뒤집어 생각하면 아무리 깨끗하고 착한 사람으로 위장하고 싶어도 죄인인 것을 드러낼 수밖에 없는 거다. 죽는 날까지 누가 나를 죽일지도 모른다는 불안과 두려움을 안고 살아가야한다. 이것이 내가 지불해야 할 죄의 값이었다.

하나님을 예배하며 살 때도 끝내 이렇게 망가져 버렸는데, 하나님의 낯을 뵈옵지 못하게 된 이후의 내 모습이 어찌 될 것인가. 이렇게 나는 참담하게 망가져가고 있었다. 하나님 없는 인생, 하나님의 은혜가 떠난 인생의 비극이 이것 아니겠는가.

가인이 하나님 앞을 떠나,
에덴 동쪽에 있는 '아무도 살지 않는 땅'에서 살았다.
가인이 자기 아내와 잠자리를 같이하니,
그의 아내가 임신하여 에녹을 낳았다.
그때에 가인이 도시를 세우고,
자기 아들의 이름을 따서 그 도시의 이름을 에녹이라고 했다.
(창세기 4.16-17)

어찌 보면 우연의 일치도 아니었던, 설마하면서도 아주 선명한 중첩이 손에 잡힌다. 나 아담은 하나님의 명령을 불순종한 죄로 말미암아 에덴에서 쫓겨나고, 내 아들 가인은 우리가 쫓겨나 살게 된 바로 그 땅에서 동생 아벨을 죽이는 죄로 저주를 받아 급기야 살고 있던 그 땅에서 마저 쫓겨나고 말았다. 그야말로 소름이 돋는 부전자전 아닌가. 이것이 모두 죄의 결과라니. 죄의 화살은 에덴을 떠나 벌판을 가로질러 온 땅을 점령하기 위해 점차 빠른 속도로 멀리 날아가고 있다.

:: 가인별곡

좀 더 곤혹스러운 것은 불과 얼마 전까지만 해도 가인 역시 예배가 무엇인지 알고, 하나님께 예배할 줄 아는, 하나님 앞에 나아가 그분을 찾고 구하고 두드리는 예배자였다는 점이다. 그리고 그와 동생이 드린 예배, 곧 제사를 통해 알 수 있듯이 그는 하나님이 받으시는 예배와 그렇지 않은 예배를 구별할 수 있을 만큼 잘 훈련된 녀석이었다. 즉 예배 안에 역사하시는 하나님을 아는 지식에서 남다른 영적 지각이 있었다는 점이다. 어쩌면 우린 이런 자식들의 언행을 보며 새롭게 펼쳐질 신세계의 아침을 소망했던 것 같다.

하지만 뭔가 조금 아쉽다고나 할까, 그것은 다름 아닌 가인은 예배자였지만 예배처럼 살지 않았다는 점이다. 돌이켜 생각해 보면 얼른 이해되지 않은 모습이 한 둘이 아니었다. 특별히 가인이 예배에 실패했기 때문에 우리가 사는 땅에서 쫓겨난 것이 아니라 예배자답게 살지 않았기에 잉태된 죄가 살인을 가져왔다. 그리고 바로 그 죄로 말미암아 가인은 하나님 앞을 떠나, 에덴 동쪽에 있는 '아무도 살지 않는 땅'에서 살게 되었다. 그뿐인가? 결국 이렇게 해서 고향과 부모, 가족과 떨어져 분리되고 말았다. 하나님은 이를 "죄가 너를 원하나 너는 죄를 다스릴지니라."(창세기 4.7b)는 말씀에 담아 주셨으나 가인은 이를 지킬 능력이 없었던 셈이다.

이렇게 가인은 나 아담의 족보로부터도 분리되고 철저하게 고립되었다. 어쩌면 이것은 내가 치렀던 죄의 값보다 더 가혹하고 무거운 형벌이라고 생각한다. 이 점이 '가인의 항의'(창세기 4.13-14)에 들어있는 행간이다. 그랬다. 하나님은 타락한 나에게 찾아오셨고, 가죽옷도 입혀주셨고, 에덴 밖에서 장막을 치며 살도록 허락하셨다. 그리고 에덴이 아니었음에도 불구하고 여전히 우리의 가정을 찾아오셨을 뿐만 아니라 우리와 대화까지 나누었다.

하나님께서 말씀하셨다.

"이제부터 너는 이 땅에서 저주를 받게 될 것이다.

땅이 두 팔을 벌려 살해된

네 아우의 피를 받았으니,

너는 이 땅에서 쫓겨날 것이다.

네가 땅을 일구어도,

땅은 네게 더 이상 좋은 것을

내주지 않을 것이다.

너는 정처 없이 떠도는 자가 될 것이다.”

가인이 하나님께 아뢰었다.

“그 형벌은 제게 너무 가혹합니다.

저는 그것을 감당할 수 없습니다!

하나님께서 저를 이 땅에서 쫓아내셨으니,

제가 다시는 하나님을

뵈올 수 없게 되었습니다.

제가 정처 없이 세상을 떠돌면,

만나는 사람마다 저를 죽이려고 할 것입니다.”

하나님이 그에게 말씀하셨다.

“그렇지 않다.

하나님, 저 아담입니다

그런데 이번엔 좀 더 다른 잣대를 가인에게 적용하셨으니 가인이 억울했을 수도 있겠다. 하지만 좀 더 냉정하게 생각해 보면 꼭 억울할 일만도 아니다. 비록 가인이 하나님 앞을 떠나서 에덴 동쪽에 거주하게 되지만, 하나님은 길 떠나는 가인에게 표를 주어 그를 만나는 모든 사람들로 하여금 그를 죽이지 못하게 지켜주셨기 때문이다.

참 묘한 역설이다. 하나님께서 그 땅에서 쫓아내셨기에 하나님 앞을 떠나지만, 하나님은 그를 죽이거나 해하려는 자들로부터 가인 자신을 지키도록 그에게 표를 주셨다. 그 옛날, 나 역시 가인처럼 에덴에서 쫓겨날 때도 그랬지. 그렇다면 가인 역시 평생 하나님의 그늘 아래 살아가야할 인생이란 뜻 아닌가. 내가 그러했던 것처럼!

가인은 동생을 죽인 살인자에서 이젠 다른 사람들로부터 죽임을 당할 수도 있는 약자가 되었다. 죄로 말미암아 받아야 할 당연한 결과 앞에서도 하나님은 그를 보호하셨다. 그걸 안 이상 가인은 그만 여기서 하나님께 진짜 무릎을 꿇고 멈추었어야만 했다. 이제야 말로 진정한 예배자로 회복될 기회가 다시 주어진 셈이니까. 하지만 안타깝게도 그는 하나님께로 돌아갈 수 있는 기회를 버렸다. 결국 더 이상 예배자로서 하나님을 바라보지 않기로 결정하고야 말았던 것이다. 이처럼 끝내 죄인의 길로 걸어갔을 뿐이다.

사실 가인이 우리와 함께 살면서 예배자로 세워지기까지 우리 부모가 직접 해 준 일은 거의 없었다. 또 유감스럽게도 그가 예배자로서 실패하고, 살인자가 되는 일련의 과정 안에서도 마찬가지였다. 그러니까 중재자로든, 간청자로든, 어떤 식으로도 개입하지 않았다. 이렇게 부모와 가족을 떠난 때부터, 생이별이라는 피눈물 나는 일이 진행되는데도 우리는 아무 말도 어떤 행동도 취하지 않았다. 어디 그뿐인가. 그가 결혼하여 자식을 낳고, 아비의

 하나님, 저 아담입니다

족보와 달리 자신의 족보가 이어지는 그 현장에서도 우리의 흔적은 없다. 아마도 이는 에덴의 피해의식 때문일지도 모르겠다.

:: 가인의 후예들

그러고도 얼마의 시간이 지났을까? 가인과 피차간 왕래와 소식이 끊어진지 이미 양쪽 손가락을 꼽고도 넘어버린 지 오래다. 이렇게 부자간에 멀어질 수 있을까 싶을 정도다. 늘 그렇듯 가인은 알쏭달쏭하다. 그는 누구를 만나 아내를 맞았는지, 언제 결혼했는지, 사돈은 또 누구인지, 어떤 성품과 행동을 보이는지, 그에게서 태어난 내 손자 손녀들은 또 어떤 놈들인지, 어느 것 하나 알 길이 없다.

그래서일까. 나는 장남 가인의 이야기만 나오면 늘 이렇게 예민하다. 아들과 그의 가정에 대한 소식에도 불구하고 먼 훗날 모세를 통해서 기록되어질 수밖에 없는 슬프디 슬픈 노래를 어렴풋하게나마 들어왔기 때문인지도 모른다. 때문에 나는 지금껏 가인에게만큼은 말을 아껴왔다. 오늘처럼 가정과 가족의 이야기가 이렇게 일그러지게 된 '형제의 난'이 터졌을 때도 가인에게는 아무 말도 하지 않았다. 아니 좀 더 솔직하게 말하면, 아무런 말을 할 수 없었다. 나는 이미 모든 주도권을 에덴에서 잃어 버렸기 때문이다.

기억하는 것만으로도 감당하기에 묵직한 지난 세월을 하나 둘 시간 속에 그렇게 묻어갈 무렵이었다. 가인은 한 여자를 만나 결혼해 가정을 이루었다. 본가가 버젓이 있으나 아무도 그 자리를 빛내줄 수 없는 쓸쓸함을 내색하지 않으려고 가까운 지인들과의 만찬으로 결혼식을 대신했다. 아내를 배려하는 마음, 즉 사랑에서였다고나 할까. 이걸 희미하게 알게 되면서 가인이 지난 날 동생 아벨에게 품지 못했던 감정이 바로 '사랑'이었다는 풀지 못한 문제의 해답을 어렵사리 찾아냈다.

이제 한 가정의 보호자요, 남편이 되었으니 곧 아버지도 되겠지? 가인은 스스로 이 아비와는 다르게 살 거라고 생각했지만 막상 가정을 이루고 보니 점점 자신이 없어졌나보다. 내가 에덴에 꽁꽁 묶여 있었듯 그 역시 아벨의 표라는 선명한 흔적을 가지고 있었기 때문이다. 그렇게 지

하나님, 저 아담입니다

내던 시절, 늘 그랬듯 가인은 자기 아내와 잠자리를 같이 했고, 그의 아내가 임신을 하여 배가 점점 불러오더니 산통이라는 아찔한 시간을 거친 후 아들 에녹을 낳았다. 비로소 부모가 된 것이다.

커 갈수록 가인을 쏙 빼닮은 아들이었다. 그렇다면 내가 날 닮은 가인을 낳고 든 기분을 가인도 느끼지 않았을까? 결혼을 하고 자식을 낳으면 다 효자가 된다는데 그런 점에서 가인에게 한 가닥 희망을 걸어본다. 가인은 결혼을 하고 나의 손자를 낳았지만 이 소식조차 내게 알리지 못하는 것이 모두 아벨사화 때문이리라. 아마 여러 감정의 편린들이 그의 가슴을 혼돈스럽게 했을 것이다.

그날 이후, 고향과 가족을 떠날 때 하나님이 마지막으로 가인의 입에 넣어주셨던 말씀이 떠올랐다. 그래, 동생 아벨이 생각지도 못한 어느 날에 죽음의 나락으로 떨어졌듯이 자신도 누군가에게 그렇게 될 수도 있다는 공포와 두려움에서 자유하지 못했을 것이다. 그럴 땐 내 자화상을 보는 것만 같다. 그래서 일까? 에녹이 태어나자 그는 점점 조급해 지고 뭔가에 쫓기는 듯 자꾸 뒤를 돌아보는 버릇이 생겼다.

에녹이 자라갈수록 가인은 이 문제의 해법 찾기에 골몰했다. 그때에 가인이 도시를 세우고, 자기 아들의 이름을 따서 그 성 이름을 에녹이라고 했다. 그가 찾은 해법은 바로 도시였다. 성을 쌓고 자신과 가족을 보호하기로 결심한 거였다. 이렇게 가인의 후예는 나의 뒤를 잇는 족보와 다른 또 하나의 족보를 이루며 번성해 갔다.

:: 가인의 족보

가인은 에녹을 낳고

1대손 에녹이 이랏을 낳고

2대손 이랏은 므후야엘을 낳고

3대손 므후야엘은 므드사엘을 낳고

4대손 므드사엘은 라멕을 낳았다.

5대손 라멕은 야발과 유발과

두발가인과 나아마를 낳고

6대손 야발은...

:: 라멕선언

흥미로운 것은 가인의 5대손 라멕이 일부일처가 아닌 아다와 씰라를 아내로 맞이했다는 점이다. 먼저 아다는 야발을 낳았는데, 그는 장막에 살면서 각종 가축을 치는 모든 사람의 조상이 되었다. 그리고 그의 아우 이름은 유발인데, 그는 수금과 피리를 연주하는 모든 사람의 조상이 되었다. 점차 문명과 문화라 할 수 있는 도시를 중심으로 하나의 틀이 형성되어가고 있었다.

한편 라멕의 둘째 아내 씰라는 두발가인을 낳았는데, 그는 대장간에서 구리와 쇠로 여러 기구를 만드는 사람이었다. 그의 누이는 나아마였다. 이렇듯 청동기 문화가 흥왕하게 되고, 이 문명의 이기는 또 다른 형태로 죄를 낳고 전달하는 통로가 되었다. 이렇듯 보이는 문화는 발전하는 것 같았으나 보이지 않는 세계는 점차 더 황폐해져 가고 마치 도미노처럼 가인의 후예들의 문명을 타고 급속도로 세상을 향해 질주하고 있었다.

창세기는 라멕의 이야기를 하나 더 전해준다.

라멕이 자기 아내들에게 말했다.

놀라운 것은 가인의 5대손 라멕이 소위 '가인언약'(창세기 4.10-15)을 알고 있었다는 점이다. 하지만 그건 분명 하나님과 가인 사이에, 하나님이 가인을 두고 한 언약 아닌가. 그런데 지금 라멕은 자신이 자신을 해치는 자 사이에 당당하게 섬으로써, 그는 지금 하나님을 흉내 내고 있을 뿐만 아니라, 자신이 하나님의 자리에 서서 언약의 당사자와 언약 체결을 자기 마음대로 선언하고 있다. 그리고 그에 따른 벌은 다름 아닌 살인이었다.

성경은 이때 가인이 살아있었는지 이미 죽었는지를 말하지 않는다. 어찌 되었건 하나님의 말씀은 대(代)를 넘어가면서 사람에 의해 조롱을 받고 있다. 이게 우리 가문의

하나님, 저 아담입니다

한 축인 가인의 후예들이 전해주는 현주소다. 하나님의 법에 대한 존중과 순종선언은 온데간데 없고, 가인 이후 5대만에 인간이 하나님의 자리에 서 버렸다. 살인마저도 당당히 외칠 수 있는 시대! 가인의 후예들은 서서히 하나님과 각을 세우며 돌이킬 수 없는 강을 건너고 있는 중이었다. 아, 이를 어찌할까.

한 때는 하나님을 예배하는 자로서 아담가의 부흥을 꿈꾸는 전성기를 맞는가 싶었다. 하지만 가인은 하나님으로부터 자신의 예배가 거부되자 그는 곧바로 하나님을 거부하고 말았다. 하나님은 그런 탕자같은 가인을 여러 차례 찾아오셔서 죄로부터 돌이킬 수 있는, 죄를 다스리고 정복할 수 있는 새로운 은혜의 길을 제시하셨다. 하지만 가인은 끝내 하나님의 손을 거절하고 살인자가 되어 하나님 곁을 떠났다. 그리고 사실상 그를 시작으로 7대만에 족보는 문을 닫았다.

물론 그의 후예들이 그때로 끝이 나고 멸문(滅門)한 것은 아니다. 하지만 성경은 더 이상 가인과 그의 후손의 족보에 관심을 갖지 않았다. 하나님은 가인의 아들 에녹부터 6

대손 라멕까지 기나긴 세월 동안 기다리셨으나 끝내 그와 그의 후손들은 하나님께로 돌아오지 않았다. 그리고 아벨의 죽음으로 중단되었던 나의 후대 이야기가 다시 꿈틀거리기 시작한다. 이것은 다시 가인의 이야기로 되돌아갈 더 이상의 이유가 없다는 의미이기도 하다. 가인의 가문은 먼 훗날 노아홍수를 통해 결국 영원히 역사에서 사라지고 만다.

하나님, 저 아담입니다

사랑하는 남편, 아담에게 | 10

그 사람이 정작 자신에게 꼭 맞는 짝은 찾지 못했다.
하나님께서 남자를 깊이 잠들게 하셨다.
그가 잠들자,
하나님께서 그의 갈빗대 하나를 떼어 내고 그 자리를 살로 메우셨다.
하나님께서 남자에게서 떼어 낸 갈빗대로 여자를 만드시고,
그녀를 남자에게 데려오셨다.
남자가 말했다.
"드디어 나타났구나! 내 뼈 중의 뼈,
내 살 중의 살!
남자에게서 나왔으니 여자라고 부르리라."
그러므로 남자가 부모를 떠나,
아내를 품에 안고 한 몸이 된다.
남자와 그의 아내는 둘 다 벌거벗었으나 부끄러워하지 않았다.

(창세기 2.20b-25)

당신에게 이렇게 내 마음을 솔직히 보여줄 수 있는 날이 오기는 오네요. 평생 하나님께는 고백해도 당신에게는 말 못할 줄 알았는데 말이에요. 지난 몇 년 전, 밭농사를 하다가 그만 바위에 당신 오른발이 깔려 그해 농사를 망치고

서 뼛속까지 추운 겨울을 보내던 날이었어요. 화롯불 앞에서 그만 당신 가슴에 쓰러져 오열하던 바로 그 날, 살아보려고 발버둥은 치지만 몸은 맘처럼 따라주지 않고 게다가 끼니 걱정까지 해야 하는 매우 극한 상황이었죠. 그래요, 그때 당신 품에 안겨 무너지는 모습을 보이는 것보다 말로 고백하는 것이 조금이라도 더 쉬웠더라면 아마 그날 내 마음에 묵히고 묵혀 두었던 얘기들을 다 토해냈을 거예요.

난 하나님께 죄인이면서 당신에게도 분명 죄인이니까요. 그 뿐인가요. 가인과 아벨, 그리고 셋째 셋과 그 후에 태어난 온 식구들, 그리고 에덴과 온 천지 모두에게 죄인이잖아요. 아벨과 그의 제물이었던 '양의 첫 새끼와 그 기름'을 하나님이 제물로 받으셨던 것처럼 이 한 몸을 그렇게 받으신다면, 그래서 우리의 모든 죄가 용서되어진다면 진작 저를 제물로 드리고도 남았을 거예요.

입을 열면 나도 모르게 변명처럼 쏟아져 나오는 말들이 또 후회처럼 내 마음을 아프게 하네요. 여자는 나이가 들면 좀 뻔뻔해지고, 말도 많아지나 봐요. 누울 곳을 보고 다리 뻗는다고, 아마도 당신이 너그럽게 다 받아주니까 그렇겠죠? 그러고 보면 하나님께서 내게 남편 복 만큼은 정말이지 확실하게 주셨어요.

　당신에게서 취한 그 갈빗대로 나를 만드시고 나를 당신에게로 이끌어 오신 그날, 당신과 내가 결혼해 가정을 이룬 뒤에 셀 수 없이 많은 날들이 지나고 이제 우리의 기력도 조금씩 쇠해져가는 이때까지 – 그러고 보니 더는 자식이 생기지 않는 걸로 봐서 기력이 쇠하긴 쇠했나 보네요 – 단 한 번도 나를 죄인 취급하지 않으셨지요. 그게 내가 당신에게 가장 감동하고, 그래서 존경까지 하게 되는 부분이랍니다. 이제껏 제 이 마음을 모르셨지요?

　신혼생활은 그야말로 해프닝의 연속이었죠. 당신이나 나나 둘 다 초보였잖아요. 에덴엔 먹을 것이 천지였고, 특별히 옷도 필요 없었으니, 의식주에 관한 염려가 뭔지도 모를 만큼 풍족했기에 그나마 삶에는 별 어려움이 없었지요. 하지만 그날, 그러니까 뱀이 내게 다가와 나를 죄와 불순종 아래로 끌어내리던 날... 아차, 미안해요, 여보! 이런 슬픈 노래나 하려고 용기를 낸 게 아닌데.
　분위기를 좀 바꿔야겠네요. 그런데 생각을 돌리기 전까

지 한참을 여기 머무르게 되는 건 어쩔 수 없군요. 언젠가는 한번 정리해야 할 묵은 씨앗과도 같기에 이왕 시작한 거, 이참에 내 속내를 좀 털어놓고, 기회가 되면 이 부분을 진솔하게 나눠봤으면 싶네요. 사실 내가 입을 열고 마음을 보여 준다 해도 그게 무슨 소용이 있겠어요. 그래서인지 마음이 좀 복잡하네요.

난 당신이 낳진 않았지만 하나님께서 친히 남자인 당신에게서 취하신 갈빗대로 여자인 나를 만드셨지요. 그리고 나를 당신에게로 이끌어 오자, 당신은 나를 보고 금세 "이는 내 뼈 중의 뼈요 살 중의 살이라."(창세기 2.23a)고 노래했고요. 이렇게 해서 둘이 한 몸을 이루어 부부가 되었죠. 하나님이 우리 둘을 만드시고, 주례를 하셔서, 그래 하나님이 세우신 가정이 에덴에 세워진 거죠. 참으로 놀라운, 그야말로 환상적인 시작이었어요.

참 신기하고 놀라웠던 것은 당신은 나를 알고, 나도 당신을 아는, 둘이 한 몸을 이뤘기에 우리 두 사람이 벌거벗었으나 전혀 부끄러워하지 않을 수 있었던, 그야말로 우린 하나였어요.

 하나님, 저 아담입니다

　그리고 모두가 다 알 듯이 우린 에덴에서 추방되어 지금 삶의 뿌리를 내리고 있는 에덴 밖 이곳에서 지난 수 백 년을 살아왔습니다. 참으로 기나긴 세월이었네요. 가인을 낳고, 그렇게도 두렵고, 그래서 차라리 죽는 게 더 편하겠다 싶었던 해산의 수고도 아들을 키우는 재미에 그만 언제 그랬냐는 듯이 잊고 둘째를 낳고, 그리고 에덴에서의 범죄와 추방이라는 일련의 사건 안에 든 고통과 충격에 버금가는 참담한 아벨장례식을 치르고, 130년이라는 세월을 가슴에 묻고서야 셋을 낳았지요.

　그즈음부터 내 마음 깊은 곳에 묻어둔 내 인생의 편린들을 하나 둘 생각나는 대로 좀 쏟아 놓아 볼까 합니다. 뭐 지금도 좀 멋쩍고, 또 부끄럽기도 한 일은 셋을 낳은 뒤로도 당신과의 사이에서 무려 800년 동안이나 자녀들이 태어났다는 점이에요. 하긴 지금에 와서야 하는 얘기지만 나만 줄줄이 출산을 한 게 아니었잖아요? 시어미와 삼남 셋의 처가, 그러니까 시어미와 며느리가, 그리고 며느리의 며느리가, 앞서거니 뒤서거니 하며 주구장창 자녀를 낳았죠.

그렇게 세상에 아담 가문의 사람들이 왕성하게 불어 가던 시절, 한동안 이름을 외는 것도, 어느 아들, 어느 손의 자식인지도 분간이 안 될 정도였죠. 하지만 그 조차도 유쾌하고 든든한 우리 가문의 이야기로 지금까지 마음을 따뜻하게 하네요. 이젠 수를 셀 수도 없고, 더 이상 누가 누군지도 모르겠고, 아마 우리만 그러는 건 아니겠죠? 모르긴 몰라도 손자의 손자 녀석들도 우리를 잘 모를테고 또 서로 마주쳐도 모르고 지나갈 수도 있을거에요.

셋이 105세에 우리 손자 에노스를 낳고, 그후로 807년을 지내며 자녀를 낳았을 때, 동시에 손자 에노스가 90세에 증손 게난을 낳고, 그후로 856년을 지내며 자녀를 낳았을 때, 바로 그 무렵이었지요. 여보, 내가 지금 무슨 애기를 하려는지 설마 모르는 건 아니죠?

내가 한창 자식을 낳을 때, 셋도 자식을 낳고 있었고, 에노스도 자식을 낳을 그 무렵이었어요. 가인과 아벨이 하나님을 예배하던 그때를 다시 경험하게 된 바로 그 순간 말이에요. 그때에 사람들이 비로소 여호와의 이름을 부르지 않았나요?

가인과 아벨을 통해 하나님을 예배하게 된 첫 번 부흥에 이어서 셋과 에노스를 통한 두 번째 부흥이 시작될 무렵, 그때 우리 부부는 얼마나 많이 얼싸안고 남몰래 울었는지 기억나시죠? 그냥 서로 눈만 마주쳐도 어디에 그런 눈물창고가 숨어있었나 싶을 만큼 눈물이 강처럼 흘러내렸더랬죠.

우리 부부는 에덴에서나 그곳을 나와서 정착한 이곳 들판에서도 죄로 가득하게 만들었는데, 죄 없이 시작한 우리가 후손들에게 물려준 건 부끄럽고 미안하게도 죄 밖에 없었네요. 그런데 죄로 시작한 우리 후손들은 그 황무지에서 장미꽃을 피워 내다니 그저 놀라울 뿐이었죠.

그때 우린 알았어요. 아벨의 죽음 이후 하나님을 예배하는 것까지 멈춰버린 우리의 거듭된 죄행의 고리를 말이에요. 또한 하나님은 죄의 줄기에서 의의 새순을 돋게 하시는 분임을 잠시 잊고 있었다는 사실을요. 하지만 부끄럽고 동시에 영광스럽게도 우리의 죄 밖에 물려받은 게 없는 후손의 대(代)에서 다시금 하나님의 이름을 부르는 영광의 부흥이 일어난 것이야말로 에덴 밖에서도 새로운 희망이 시작될 수 있다는 걸 알게 한 일대 사건이었죠.

언젠가 당신이 그랬지요. 이건 아담가문의 희망이자, 아담 계보의 또 하나의 새로운 시작이라고요. 실은 가인마저 우리 곁을 떠나던 날, 당신은 눈치 못 챘는지 모르지만 전 우리 역시 곧 그렇게 끝이라고 생각했어요. 그런데 아벨로 끝난 줄 알았던 희망의 노래가 셋과 에노스의 대

에서 다시 싹이 날 줄 누가 알았겠어요. 이렇게 해서 우리
와 우리 후손의 여인들이 이곳저곳, 이집저집에서 울려나
는 아기 울음소리, 그러니까 젖 먹이는 복과 태의 상급인
다산(多産)을 무엇과도 비교할 수 없는 영광이자 축복으로
받아들이게 되었지요. 마침내 의로운 후손들이 하나 둘
죄로 물든 땅을 정복해 갔던 거잖아요.

　당신의 갈빗대에서 내가 만들어졌듯, 혹시 나로부터 사
람이 만들어지는 것인가 싶은 때도 있었어요. 하지만 가
인과 아벨, 셋이 태어나면서 난 흔들 수 없는 출산의 비밀
을 알아가게 되었죠. 지금이야 상식처럼 되어버렸지만 자
식은 당신을 통해 주신 생명의 씨앗이 내 몸이라는 밭에
서 자라다가 하나님의 때가 차면 몸 밖으로 나와 비로소
위대한 시작을 하게 되는 것 말이에요.

　그 즈음 당신은 눈코 뜰 새 없이 바빴죠. 자고 나면 아
이 울음과 젖먹이들이 늘어갔고, 결혼해 살아야 할 후손
들의 거처는 지어도 지어도 부족했으니까요. 자식들은
논밭에 나가 일하기 급급했고, 장성한 아들 손자 녀석들
은 당신을 도와 집짓기에 여념이 없었죠. 가끔 여름엔 태

풍이 불고, 겨울에 눈보라가 치면 오래된 지붕이 날아가고, 축대가 무너지고, 방구들이 꺼지고, 땔감이 부족했잖아요. 때로 흉년이 들 때면 또 겨우살이가 걱정이고, 누가 아파 열이 오르면 그게 이집저집으로 전염되지 않게 하려고 무진 애를 썼었구요. 더 넓은 토지를 개간하기 위해 산 넘고 물 건너 더 넓은 목초지를 찾아 가족들이 흩어지기도 하고요. 이게 다 당신의 930년 인생살이 안에 들어 있는 삶의 노래였지요.

그 모진 세월 속에서도 하나님의 이름을 부르는 계보는 단절되지 않았던 것이 가장 큰 복이요, 기쁨이고, 그래 조금 덜 부끄럽게 만들어준 후손들의 모습에서 우린 조그만 행복을 맛보곤 했지요. 지내놓고 보니 행복이라는 게 뭐 그렇게 큰 게 아니더라고요. 웃을 수 있고, 울 수 있고, 화낼 수 있고, 회초리를 들 수 있고, 떡과 기름을 나눌 수 있고, 콩 한 톨을 둘로 나눠 먹을 수 있고, 감사할 수 있고, 그리고 이 모든 것을 이루시고 주시는 이가 하나님임을 아는 것이 행복이었어요. 거기에 즐거움과 기쁨과 삶의 이유가 있었더라고요.

비록 죄인의 몸이긴 해도, 처음 에덴에서 나왔을 땐 '이런 곳에서 어떻게 사나' 눈앞이 캄캄할 정도였는데 살다 보니 여기도 그럭저럭 살 만한 곳이네요. 땅은 역시 정직하다는 것을 알게 됐죠. 우리 후손들도 그랬지요. 가족의 대소사가 많았지만 좀 더 큰 제사를 하나님께 올려드리던 날 밤이면 대청마루와 큰 안방에 모여 앉아 후손과 자식들 앞에서 부끄러운 에덴의 이야기를 하염없이 토해내며, 사죄하는 심정으로 하나님과 사람 앞에 더없이 죄인으로 내려 앉아 무릎을 꿇고 용서를 빌었잖아요. 하나님께서 온 후손들의 마음을 긍휼히 여겨 사죄의 고백을 진심으로 받게 하시고 다시 타는 목마름으로 '거룩'의 모습을 갈망케 했어요. 그 아름다운 추억들이 하나 둘 모여 오늘이 만들어졌다는 것을 저 역시 조금씩 알아가고 있답니다.

지난 세월 안에 켜켜이 쌓인 인생의 페이지 마다 그런 하나님의 은혜가 알알이 박혀있음을 새록새록 발견해가요. 당신이 있어 모든 게 가능한 일이었어요. 당신은 나를 세상밖으로 나오게 해줬지만 난 당신을 죄인 되게 했잖아요. 그래도 당신은 미련하고 못난 나를 품고 한 평생 여기까지 달려와 줬어요. 나는 당신의 무죄를 무참하게 깨뜨려 버렸는데도, 깨진 옹기그릇 같은 인생을 여태껏 품고, 참고, 견디고, 안고, 이고, 지고, 덮고, 심고, 믿고… 그렇게 인생행로를 돌고 돌아 여기까지 동행해 주었네요.

내가 어찌 당신의 은혜와 사랑을 모른다 할 수 있겠습니까. 나는 당신에게 죄를 주었지만 당신은 내게 생을 주었는걸요. 당신은 비로소 살 소망을 찾아 주었고, 잊어버렸던 내 영혼의 뜨락을 다시 회복하게 도와주었고, 특히나 어미와 부모의 자리에 서 있을 수 있도록 배려해 주고 섬겨 주었었잖아요.

아, 이제 알 것 같아요, 그렇다고 내가 의롭게 되는 건 아니라는 거. 내가 내 머리를 들어 올린다고 해서 물에서 건져지는 게 아니듯 우리의 알량한 의의 조각들로는 본질상 하나님의 진노에서 놓임 받을 수 없음을요. 그리고 죄의 값을 치르라고 명령했어도 할 말이 없는 미약하고 미천한 죄인들이지만 그래도 오래 참고 기다리신 하나님의 사랑과 자비가 오늘 우리의 삶을 견인하고 있다는 것도요.

요즘은 이 손자네 집에 들렀다가, 저 자손의 조카 집에 들리다보면 훌쩍 계절이 바뀌고, 또 한 해가 마치 하루해처럼 그렇게 지나가는 것 같아요. 얼마 전엔 증손의 사돈 집에 혼사가 있어서 초대를 받아 놓기도 했으니, 잘 하면 이번에도 주례를 당신이 맡을 것 같던데. 그래요, 건강 좀 잘 챙기시구려. 이제 우리도 조금씩 아벨의 곁으로 돌아 갈 때가 되어 가는지 모르니까요.

자꾸만 뭉게구름처럼 들려오는 가인과 그의 후손들의 이야기가 남의 일 같지만 않네요. 이참에 각 가문의 대표 회의를 다시 소집해서 엄중한 경고와 가문의 기강을 좀 다스려보구려. 에덴 일 때문에 자꾸 과거로 숨는 건 옳지 않아 보여요. 그래도 당신 기운이 좀 있을 때 아담의 족보 에 영광이 멈추지 않고 계속 이어지도록, 그리하여 언젠 가 '여자의 후손'에 의해 회복하게 될 에덴에서 우리 모두 가 하나님 앞에 설 수 있도록 좀 더 애써보기를 당부해 봅 니다.

저도 이 편지를 쓰면서 놀라고 있어요. 제 어디에 이런 얘기 보따리가 들어있었나 몰라요. '어렵고 힘든 고난은 물에 새기고, 감사하고 영광스런 은혜는 돌에 새기라'는 말처럼 그래도 이렇게나마 살아가게 하는 힘은 과거를 아름답게 추억하며 살기 때문인가 봐요. 우리가 그렇듯 우리 후손들도 그랬으면 좋겠네요. 우리 후손들도 은혜를 물에 새기고 분노와 남을 탓하는 걸 돌에 새기지 않기를 빌고 또 빌어봅니다. 두서없이 제 마음을 사랑에 담아 이렇게라도 전 할 수 있어 감사할 뿐입니다. 당신이 있었기에 내가 있음을 잊지 않고 살아가겠어요. 사랑합니다!

당신의 영원한 돕는 배필이자 동반자인
당신의 아내, **하와** 드림

　　　　　하나님, 저 아담입니다

차매

모든 것의 시작은 이러하다.
하나님께서 하늘과 땅을 창조하셨다.

아담, 셋, 에노스,
게난, 마할랄렐, 야렛,
에녹, 므두셀라, 라멕,
노아, 셈, 함, 야벳.

노아는 레멕의 아들
레멕은 므두셀라의 아들
므두셀라는 에녹의 아들
에녹은 야렛의 아들
야렛은 마할랄렐의 아들
마할랄렐은 가이난의 아들
가이난은 에노스의 아들
에노스는 셋의 아들
셋은 아담의 아들
아담은 하나님의 아들이었다.

(누가복음 3.36b-38)

:: 하나

살다보니 내가 930살이나 되었다. '태초에 하나님이 천지를 창조하시고, 그런 후 어느 날 나를 흙으로 빚으시고, 또 언젠가 돕는 배필로 하와를 만드시고'로 거슬러 올라가 이제 내 나이 930세! 참 긴 세월, 정말 많이도 살았다.

> **"선악을 알게 하는 나무의 열매는 먹지 말라 네가 먹는 날에는 반드시 죽으리라"** (창세기 2.17)

이러한 하나님의 엄중한 경고를 거침없이 어겼을 때, 그랬으면서도 하나님이 심방을 오셨는데도 천연덕스레 하와 탓이나 하던 그 때, 난 죽어야 마땅했다.

이 생각 역시 900년이 넘었다. 나 원 참. 돌아보니 육의 옷은 모질고도 길다. 930년이나 살았으나 에덴에서 죽은 것보다 못한 험악한 세월을 살아냈다. 그러니 난 이 질긴 목숨을 이어온 것만으로 이미 천벌을 받은 셈이다.

이제 나는 서서히 죽음 앞으로 나아가고 있다. 막상 갈 때가 되니 더 살고 싶은 생각도 조금은 남아있는 것 같다.

정말이지 알다가도 모를 일이다. 산다는 게 뭔지, 그러면
서도 한편, 이젠 돌아갈 시간이 되었다는 예감이 부쩍 더
드는 건 또 무슨 조화인지. 헌데 과연 아벨 곁으로 갈 수 있
을까. 그러면 무슨 낯으로 그 녀석을 볼 수 있을까. 아, 두
고 가는 가족들은 또 어떻고.

　잘 된 일일지도 모른다고 스스로 위로해 본다. 이제 정
말 죽음이 다가왔으니 말이다. 솔직히 말하면, 죽음이 한
달음으로 내게 왔음 싶은 이유는 정말로 하나님이 그리워
서다. 눈을 감아야 다시 뵐 수 있을 것 같아 참 몹쓸 생각
을 하는 것 같지만 점점 하나님이 그리운 건 진심이다. 에
덴에서 선악과를 먹고 난 뒤, 가죽옷을 들고 심방 오신 그
날 이후로 난 이 기나긴 세월을 그분 없이 살아왔다. 죄 값
이라 탓하며 가슴에 꼭 묻어두고 여기까지 왔지만 그리움
에 시름시름 앓던 때가 어디 한 두 번이었던가. 그런데 내
가 죽는 날이 하나님을 다시 뵈올 날이 될 줄은 미처 생각
을 못했다. 난 지난 930년의 대부분, 살았다고 하는 이름
은 있으나 실상은 그렇게 죽어 있었다.

　순간마다 하나님이 그리웠고, 지금 이 순간도 마찬가지

다. 푸른 하늘을 바라볼 때면 돌림병처럼 찾아와 재발하곤 하는 미치도록 그리운 그 병 때문에 내 영혼은 늘 끙끙 앓았다. 못났어도, 죽을 죄를 지었어도, 세상 모두가 나를 외면해도, 그래도 하나님만은 단 한번 만이라도 다시 날 안아주실 거라 감히 생각해 본다. 그랬기에 하나님에 대한 그리움이 내 나이만큼이나 차곡차곡 쌓이고 있다.

:: 둘

그 즈음, 난 나와 다른 삶을 살던 사랑하는 아들 아벨이 내 희망의 씨앗이었다. 많은 자식들이 태어났지만 한 배에서 나온 놈들인데도 이렇게 다를 수 있을까 하는 의문을 가질 때도 많았다.

한편 아벨이 곁에 있던 그때가 에덴 이후에 찾아온 가장 살 만 한 때로 회상된다. 이것은 부인할 수 없는 사실이다. 아벨만큼은 나의 허물을 다시 보지 않게 해 줄 것 같았기 때문이다. 사실 우리 부부를 닮은 아들들은 새로운 희망의 씨앗이었다. 우리에게 배웠으나 우리와는 다르게 하나님을 예배하는 일에 늘 행복해 했으니까.

 하나님, 저 아담입니다

하지만 그런 아들이 그만 앞서 에덴에서 예고되었던 죽음이 뭘 뜻하는 지를 보여주기라도 하듯 소리 없이 누워 있던 날, 그리고 나와 닮은 가인만 남던 날, 죽은 아들을 붙들고 통곡하기에는 살아있는 아들이 가여웠고, 그 아들에게 희망을 기대하기엔 하나님의 결정은 이미 끝난 상태였으니 그때부터 내 지난 세월을 돌아보는 것도 무리는 아니라고 생각한다. 감히 누가 누굴 탓할 수 있겠는가.

깨물어 아프지 않는 손가락 없다고 했던가. 가인은 가인대로, 아벨은 아벨대로 내 가슴 깊이 한이 되어 박혀있다. 아벨은 죽은 몸으로라도 보았지만 가인은 우리 부모를 떠난 이후 간간이 들려오는 소식으로만 듣고 알았을 뿐이다. 내 아들이지만 말이다. 흙으로 돌아간 아벨은 다시 볼 수 없기에 잊어야 한다고 생각했지만, 살아 있으나 다시 만날 수 없는 내 기력의 시작인 가인을 향한 그리움은 해가 갈수록 더 깊어만 갔다. 살았으나 죽은 아들과 같은 가인은 그야말로 내 죄의 호흡과 마찬가지였다. 그렇게 난 하나님께로부터 온 죄의 값을 치르고 살았다. 이건 정말 죽음보다 못한 삶이었다.

가인-에녹-이랏-므후야엘-므드사엘-라멕으로 이어

지는 가인의 후손들과, 셋-에노스-게난-마할랄렐-야렛-
에녹으로 이어지는 셋의 후손들 안에 어쩌면 그리도 선명
하게 드러나는 죄의 열매들. 그 많은 셋 동생들의 후손들
과 셋의 또 다른 아들들의 후손들이 약속이나 한 듯 모두
하나님을 떠나 살아가는 모습은 죄의 훈장처럼 내 앞을 가
로막았다. 그리고 죽음보다 더 고통스러운 것은 나는 저들
에게 아무 말도 할 수 없는 죄인이라는 점이다. 죄는 하나
님께 지었지만 그 값은 후손들이 치르고 있었으니까.

그마나 내 탓만 하지 않게 해 준 후손들이 출연할 때마
다 그 힘을 의지해 모진 930년을 버티어 온 게 아닌가 싶
다. 죄를 심었는데도 의로운 후손이 그 안에서 자라는 것,
이것은 반대로 죄 없던 에덴이 죄의 밭이 된 것만큼이나
신기하고 절묘한 기적이었다. 그래, 이제 알았다. 내가 잘
나서 의로운 후손이 만들어지는 게 아니듯 내가 죄로 가득
차서 죄인이 태어나는 건 아니라는 것을. 이미 에덴에 죄
를 심었지만 그 죄를 상관하지 않아도 되는 한 가닥 희망
이 우리 인생에게 아직 희미하게나마 남아있다는 것을. 그
렇다면 언젠가 "여자의 후손은 네 머리를 상하게 할 것이
요"(창세기 3.15b)라는 하나님의 말씀이 성취될 그 후손도 나

     하나님, 저 아담입니다

타나리란 것도.

가끔 난 후손들을 모아놓고 이런 깨달음을 나누곤 했다. 내 이야기를 이해할 만한 들을 귀 있는 후손들에게는 그래도 내 가슴 속 이야기를 들려줬다. 난 내 실패가 저들의 승리를 일궈내는 밑거름이 되기를 간절히 빈다. 이게 내 슬픈 날들의 버팀목이다.

:: 셋

그렇다면 지금 내 6대손 에녹이 바로 그 후손일까? 이 고민은 아마도 마지막으로 내 안에서 만지작거려지는 생각이다. 어쩌면 점차 죄의 구름이 빽빽해지는 걸 보며 어떻게든 희망의 출구를 찾고 싶은 조급함 때문에 더 붙잡고 싶은 희망인지도 모른다. 그리고 예사롭지 않은 건 다름 아닌 에녹의 행보다. 내 눈에도 그는 참 남달라 보였다. 에녹은 하나님과 동행하고 있었다. 그것도 하루 이틀이 아니고, 1년이나 2년도 아니다. 벌써 수 백 년이나 됐으니 범상치 않다. 그런 에녹이 부럽기까지 하다.

죄는 죄가 만들어지거나 시작될만한 여지가 전혀 없었

던 에덴에서 시작되었다. 그리고 에덴 밖 들판과 가인에게로 옮겨가더니, 급기야 가인을 따라 온 땅으로 확장되어 갔다. 어디 가인이 만들어 낸 길 뿐일까. 나와 셋과 에노스와 게난으로 이어지는 족보에서도 이들 사이에 수백 수천의 후손들이 태어나고 자랐지만 놀랍게도 내가 살던 1천 년에 가까운 세월 동안 하나님이 기억하신 사람들은 몇 명 되지 않았다(창세기 5.1-24).

그런데 유독 에녹만은 달랐다. 세상이 더 깊어 가는 죄의 구름으로 촘촘하게 덮여감에도 불구하고 에녹은 그럴수록 온 세상을 의로운 빛으로 밝히려고 힘썼다. 그렇지만 하나님과 동행의 생활이 늘어가면서 비록 세상의 어둠을 완전히 몰아내진 못해도 이를 크게 상관하지는 않았다. 그는 오직 하나님께만 집중했다. 세상과 담을 쌓고 산 게 아니라 자녀를 낳으면서 죄악이 일렁이는 세상 속에서 살았지만 하나님과 동행하는 일에는 한 점 오차가 없었다.

한편 뱀은 내가 살아가는 세월 안에 더는 그 모습을 드러내 보이지 않는 것 같았다. 신실한 에녹이 등장했는데도 말이다. 결국 뱀(고린도후서 11.3; 요한계시록 12.9, 20.2)과 여자의 후손(창세기 3.15)에 대한 그 어떤 흔적도 아직 느껴지지 않는 것으로 보아 어쩜 여자의 후손은 내 후손만은 아닌, 실패한 나와는 다른 어떤 사람의 아들이 '때가 차면' 언젠가 뱀의 머리를 상하게 할 것이다. 내가 에덴에 있을 때 죄인으로서 죄에 넘어진 게 아니라 죄와 상관이 없는 온전한 하나님의 형상이었을 때에 뱀에게 넘어졌다. 그럼 그런 나와 비교할 수 없는 완전한 자가 뱀을 대면할 것이라는 얘기다. 어쨌든 에녹은 여자의 후손에 대한 새로운 생각을 더해 준 특별한 후손임에 틀림없다.

내가 지난 세월 동안 보아온 사람 중에 에녹과 비교할 만한 후손을 본 적이 없다는 면에서 뱀의 머리를 상하게 할 '여자의 후손'은 제 아무리 세상을 역류하며 의롭게 산들 내 후손, 바로 사람의 아들에게서는 나올 순 없을 거라는 생각이 고개를 든다. 나는 930년을 기다렸지만 어쩌면 후손들은 이 보다 더 많은 세월을 기다려야 할지도 모르겠다.

그렇다면 에녹은 바로 그 후손이 올 그 길을 내는 또 하나의 징검다리가 아닐까 싶다. 내가 살아온 기나긴 세월 역시, 그리고 내가 죽어 흙으로 돌아간 이후에도, 오고 오는 세대 속에서 하나님은 하나 둘 더 견고하게 여자의 후손이 밟고 올 바로 그 길을 만드실 것이다. 과연 내 후손들은 이 소명을 감당해 줄까? 그런 맥락에서 에녹은 꺼질 것 같아 보이나 꺼지지 않는 희망의 등불이었다. 이것이 점차 생을 마무리해야 할 시간 앞에 서 있는 나 아담의 또 다른 묵상거리다.

:: 넷

나 아담과 내 아내 하와는 하나님이 손수 흙을 빚어 만드셨다. 그리고 가인은 우리 두 사람을 통해 세상에서 걸음마를 시작했다. 사실 우리 부부는 성인으로 만들어졌지만 가인은 엄마 하와의 배 안에서 열 달을 지냈고, 세상에 첫 선을 보일 때 울음으로 신고식을 했으며, 탯줄을 끊고 나서야 비로소 엄마와 분리되어 세상과의 접속을 시작했다. 이렇게 아들을 통해 참 놀라운 또 하나의 세상이 펼쳐지기 시작했다.

그런 아들이 자라 우리 부모가 드리던 예배를 보고 배우더니 하나님께 제사를 드리는 아들로 자라갔다. 그건 분명 또 하나의 희망이었고, 도전이었으며 가슴 뛰는 흥분으로 바라보는 생생한 삶의 노래였다. 그런 그가 평소 보이지 않던 죄를 에덴 밖 들판까지 붉게 물들이며 소용돌이 속으로 몰아넣더니 하나님의 명을 받아 우리 곁을 홀연히 떠났다. 그 뒤 수 백 년이 지나갔다.

흥미로운 것은 내가 눈 감을 날이 가까워 오면서 가인과 그의 후손들을 생각하는 날이 점점 더 많아진다는 사실이다. 그리운 걸까? 물론이다. 그래서 그런지 눈을 감기 전에 꼭 한 번은 만나고 싶다. 이름 하나 지어준 적 없고, 얼굴 한번 본 적 없는 손자와 손녀들이지만 좀 볼 수 있으면 좋겠다.

그건 그렇고, 하나님 앞을 떠나 에덴 동쪽에 있는 놋 땅, 그러니까 '아무도 살지 않는 땅'에서 사는 가인의 후예들 중에는 그 누구도 의로운 자가 나오지 않았다는 게 두고두고 내 가슴을 압박한다. 한때 가인은 하나님을 예배하는 그런 아들이지 않았는가.

한편 하나님이 기억해 준 후손들의 자식 가운데서도 하나님과 전혀 상관없는 자식들이 수도 없이 태어났고, 반대로 하나님을 아는 자들이 나오리라고 생각지도 못했던 자손의 후손들 가운데 믿음의 인물들이 태어나곤 했다. 그렇다면 도대체 이 알 수 없는 섭리가 가인의 후예들 가운데도 있을 법도 한데 아무리 기다리고 또 기다려도 그런 소식은 없었다. 해서, '혹시 가인은 하나님을 완전히 잊어버린 게 아닐까' 하는 몹쓸 생각도 들었던 게 사실이다.

반면 가인의 가문에서 만들어 낸 악기들이 하나님을 찬양하는 도구가 되어 셋의 후손들 손에 들려진 것은 두고두고 생각해 봐도 정말 잘 된 일이다. 비로소 하나님을 예배하는 방식이랄까, 그것이 '동물을 잡아 드리는 제사' –"양의 첫 새끼와 그 기름으로 드렸더니"(창세기 4.4a)– 와 악기를 가지고 하나님을 노래하는 예식으로 크게 자리 잡아가고 있음이 감명 깊고 감격스럽다.

그러고 보니 죄악의 세월들만 늘어나고 있는 건 아니었다. 놀라운 것은 이 시간 안에 신비스럽게도 제사를 드리는 자와 제물과 제사를 받으시는 분이 점점 분명해지면서 에덴의 죄악을 씻어내는 일 역시 희미하게나마 그 길이 열려가고 있었다는 사실이다. 정말이지 가슴 뛸 일 아닌가.

가인의 제사 이후 한동안 하나님께서 '곡식을 드리는 제

 하나님, 저 아담입니다

사’ –“땅의 소산으로”(창세기 4.3)– 를 받지 않으시는 줄 알고
지내던 시절도 있었다. 이 역시 제물의 문제가 아니라 예
배자의 문제라는 걸 예배를 드려가면서 새롭게 알아가게
되었다. 그래서 언젠가 땅의 소산으로 하나님을 예배하는
것에 대해서도 분명한 하나님의 지침이 있을거라고 조심
스럽게 기대해 보았었다. (출애굽기 23.14-19, 34.18-26; 레위기 2.1-16,
6.14-23, 23.9-22, 24.5-9; 신명기 16.1-17 참조)

:: 다섯

나와 하와는 가인이 우리 곁을 떠나고, 아벨은 흙으로
돌아가고, 내 나이 130살에 비로소 다시 내 “모양 곧 자기
의 형상과 같은 아들”(창세기 5.3) 셋을 낳았다. 이후에 하나
님은 자그마치 800년이라는 장구한 세월을 더 주셨는데
한 가지 아쉬움이 있다면 그 긴 시간에도 나와 우리 가족
의 이야기가 담길 창세기의 여백을 더 허락하지 않으신 점
이다. 하긴 뭐 자랑할 게 있는 건 아니지만 그래도 하와가
어떤 삶을 살았는지, 그녀가 나보다 먼저 죽었는지 아니면
더 살았는지, 셋만이 아닌 셋 이후에 태어난 그 많은 동생

(후손)들에 대한 이야기는 아무에게도 오픈되지 않았기에 이 부분은 아담 가문의 봉인된 기밀이 되어 버렸다.

세상은 여전히 에녹의 희망과, 다른 후손들의 절망 사이에서 몸부림치고 있다. 이 일에 아무런 일도 할 수 없는 나의 처지가 수치스럽고, 한탄스럽고, 절망스럽기도 하다. 하지만 그럼에도 마지막까지 희망의 끈을 놓지 않는 것은 야렛-에녹-므두셀라-라멕으로 이어지는 희망의 족보 때문이다.

하나님은 끊어질 듯 이어져가는 의인의 후손들에게서 마침내 언젠가는 여자의 후손이 나타나게 하실 것이다. 나는 비록 이걸 보지 못하고 눈을 감게 되겠지만 타락 이후에 선포된 이 언약(言約, 창세기 3.14-15)은 질펀한 죄의 땅에서도 끝내 그 성취를 향해 달려갈 것을 믿어 의심치 않는다. 이게 세상의 희망이요 하나님의 열심이다. 나는 비록 절망과 탄식과 죄만을 남기고 가지만 하나님은 의와 소망과 승리를 끝내 이루실 것이다. 그렇다. 이 세상의 희망은 언젠가 올 여자의 후손이다.

나는 천 년에 가까운 긴 세월을 살았다. 돌아보니 후회와 아쉬움이 많이 남는다. 세상과 모든 후손들에게 부끄러움과 송구스러움만 남기고 떠나게 되어 솔직히 내 영혼도 시리고 아프다. 아, 이제 무슨 낯으로 하나님을 뵈올까. 아니, 과연 하나님이 나를 맞아주실까? 내 죄가 하나님과 나를 갈라놓았으나 내 의가 하나님과 나를 다시 잇게 해 주지 못한다는 것을 잘 알기에, 오직 변함없는 하나님의 자비와 사랑과 은혜에 호소할 뿐이다.

부디 내 후손들은 내가 뿌린 절망의 씨앗을 소망의 열매로 거둬가기를 바랄 뿐이다. 다시 만나는 날을 주신다면 그건 오직 하나님의 긍휼과 자비 때문이라고 믿는다. 그래도 한번 뿐인 세상, 여기까지 달려오게 하신 하나님께 감사드린다. 이제는 정말 모든 삶의 마침표를 찍고 쉴 때가 되었다.

그럼 모두들 안녕!

"때가 차매 하나님이 그 아들을 보내사
여자에게서 나게 하시고
율법 아래에 나게 하신 것은,
율법 아래에 있는 자들을 속량하시고

우리로 아들의 명분을 얻게 하려 하심이라.

너희가 아들이므로 하나님이

그 아들의 영을 우리 마음 가운데 보내사

아빠 아버지라 부르게 하셨느니라.

그러므로 네가 이 후로는 종이 아니요 아들이니

아들이면 하나님으로 말미암아

유업을 받을 자니라.” (갈라디아서 4.4-7)

하나님, 저 아담입니다

아담에게
인생을
묻다.

아담은 130세에 … 아들을 낳고 그 이름을 셋이라고 했다.
셋을 낳은 뒤에 그는 800년을 더 살면서 자녀를 낳았다.
아담은 모두 930년을 살고 죽었다.

(창세기 5.3-5)

아담이 몇 살이 되었을 때 죄를 지어 出에덴을 당하고,

다시 얼마 후에 가인과 아벨을 낳았는지,

그리고 또 얼마 후에 아벨장례식을 치르고,

마침내는 언제 쯤 큰 아들 가인과 기약 없는 이별의 눈
물을 흘렸는지 정확히는 알 수 없다.

하지만 분명한 것은 일련의 일들이 진행되었던 창조부
터 셋째아들 셋을 낳기까지, 그 안에는 130년이라는 세월
이 녹아있다.

그 후 아들 셋이 아들을 낳은, 그러니까 아담의 손자인

에노스가 태어나기까지 다시 105년이 또 훌쩍 지난다.

이때 아담의 나이 235세였는데 비로소 그의 입가에 미소가 싹튼다.

"그때부터 사람들이 하나님의 이름으로
기도하고 예배하기 시작했다."(창세기 4.26b)

한편 아담은 셋을 낳고 800년을 더 살다가 에녹의 손자 라멕과 그의 아들 노아 시대 사이인 930세의 일기로 눈을 감는다.

인류는 아담을 통해 정녕 "너는 죽을 것이다!"(창세기 2.17b)는 말씀을 처음으로 경험한다.

'내가 하나님의 도우심으로 사내아이를 얻었다'(창세기 4.1b)라는 뜻의 이름을 가진 가인, 그는 하나님 안에서 한 가닥 희망이었던 사랑하는 아들이다.

그리고 그는 작은 아들을 가슴에 묻고 장사(葬事)를 지내야 했다.

이것은 자신이 에덴에서 범죄한 결과란 걸 잘 알고 있는 아담이기에 그의 슬픔은 어떤 것으로도 위로 받을 수 없었을 것이다.

그 아들의 비참한 몰락을 바라보는 아버지 아담의 마음은 어떠했을까.

하나님 아버지의 기대를 송두리째 저버렸던 타락의 순간에 아담 자신을 찾아오시던 그 분의 마음이, 지금 첫 아들 가인과 돌처럼 싸늘하게 식어버린 둘째아들 아벨, 그들을 바라보는 자신의 마음과 같았을 거라고 가늠한다.

식음(食飮)을 전폐하고 멍하니 누워 눈물만 흘리며 괴로워했을 아담, 그렇게 성경을 읽었어도 가슴에 와닿지 않았던 아담의 심정을 어느덧 필자도 자식을 낳아 길러보니 조금은 이해할 수 있게 되었다.

묵상을 하면 할수록
고독한 아담이 자꾸만 어른거린다.

이 책은 지난 2008-09년, 사랑의교회 신문 '우리'지에 연재되었고, 후에 내 페이스북 페이지(www.facebook.com/bible365)에 약간의 수정을 거쳐 소개되었는데, 말씀을 읽고 또 묵상하는 사람들도 다 같이 읽었으면 하는 요청에 따라 책으로 출간하게 되었다. 그동안 교회와 설교, 강의와 세미나, 교구와 소그룹, 제자훈련과 사역훈련을 통해 묵상 앞에 함께 섰던 분들을 포함해 더 많은 독자들과 만날 수 있게 되어 기쁘고 또 가슴이 뛴다.

감사하고 고마운 분들이 셀 수 없지만 이 책이 출판되는 과정에서 〈아담연보〉에 나오는 나이 숫자를 다시 창세기와 대조하면서 꼼꼼하게 살펴주고, 계속해서 전체 원고를 독자의 입장에서 읽고 코멘트해 준 이재향·이귀호 집사를 포함한 사랑의 교회 제자·사역반 집사님들께, 그리고 뵐 때마다 '하나의 주제를 가지고 깊이 생각한 책을 쓰라'고 격려해 주신 서강대학교 장용호 교수님께, 특별히 복음의 좁은길을 앞서 걸어가시는 에스라성경대학원대학교 백정

란 설립자/이사장님께 감사드린다.

　사람은 꼭 경험하고 배우고 알아야 사람스럽게 세워지는 것은 아닌 것 같다. 아담이 그랬고, 나 역시 그렇다고 생각한다. 아마도 이런저런 빛깔에 비춰진 아담은 이런 내 영혼의 몸살이자 소리 없는 호흡을 먹고 자라 내게로 온 듯 싶다. 아담처럼 자식을 낳고, 가장이자 부모로, 한 아내의 남편으로 살아가면서 속이 차고, 철이 들어가는 것 같다. 아담에게 진 빚을 이렇게나마 묵상창고에 다시 담아낼 수 있어 언젠가 아담을 만나게 되더라도 그리 미안하지 않을 것 같다.
　아담을 묵상을 선물로 주신 하나님께 감사드리며...

주후 2013년 여름,
김충만 씀